Inhaltsverzeichnis

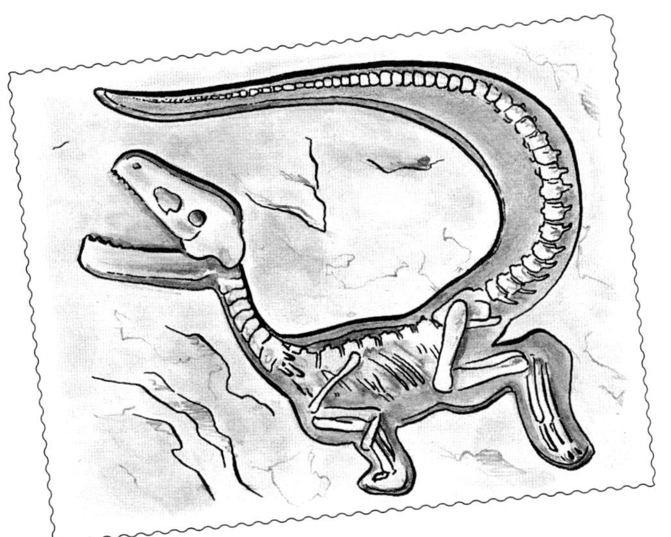

Vorwort

Liebe Erzieher*innen,

Dinosaurier faszinieren Kinder – sie sehen aus wie Wesen aus einem Märchen, sie erinnern an Drachen und andere Ungeheuer – und doch hat es sie tatsächlich gegeben. Sie sind sehr vielfältig in Größe, Farbe und Form und stammen aus den verschiedensten Lebensräumen auf der ganzen Welt. Immer wieder gibt es spektakuläre Funde, die die Erkenntnisse der Menschen über die Dinosaurier erweitern, ergänzen und zum Teil auch widerlegen. Die Wissenschaftler*innen sind sich zum Beispiel nicht einig, warum die Dinosaurier ausgestorben sind – hierzu gibt es unterschiedliche Theorien. Dies ist auch für Kinder spannend, denn in der Welt der Erwachsenen sind aus Kindersicht die meisten Dinge auf unserer Welt bekannt und erforscht.

Dieses Heft möchte den Kindern spielerisch und mit allen Sinnen zeigen, wie die Welt der Dinosaurier ausgesehen hat: Wie war das Klima? Welche Pflanzen und anderen Tiere hat es gegeben? Wie können Wissenschaftler*innen heute herausfinden, wie die Dinosaurier damals ausgesehen und gelebt haben? Dabei werden fleischfressende und pflanzenfressende Dinosaurier vorgestellt, große und kleine – und auch die Jungen der Dinosaurier kommen nicht zu kurz. Nicht zuletzt wollen wir den Kindern auch zeigen, warum die Dinosaurier ausgestorben sein könnten.

Auf diese Weise machen die Kinder eine Reise in eine Zeit, in der es noch keine Menschen und nur vereinzelt Säugetiere gab. Sie erfahren so auch etwas davon, dass es verschiedene Zeitalter vom Erdaltertum über das Erdmittelalter (in dem die Dinosaurier lebten) bis zur heutigen Erdneuzeit gibt und bekommen einen ersten Eindruck vom Fachgebiet der Geschichte und der Paläontologie. Dass die Erde damals nur aus einem Kontinent bestand, wie es zu Vulkanausbrüchen kommt und welche Folgen der Klimawandel für das Überleben der Dinosaurier hatte, ist in diesem Heft ebenfalls für die Kinder spielerisch aufbereitet.

Vielleicht finden sich ja unter den Eltern auch Sammler von Versteinerungen oder Hobby-Paläontolog*innen? Fordern Sie die Kinder auf, sich zu Hause zu erkundigen. Wer eine Versteinerung mitbringen kann, darf dies gerne tun. Möglicherweise hat ein Elternteil auch Lust, den Kindern etwas über Versteinerungen zu erzählen? Fragen Sie doch einfach nach – für die Kinder wäre das mit Sicherheit ein Erlebnis.

Da es unter den Kindern erfahrungsgemäß zahlreiche Dino-Expert*innen gibt und um auch die begabteren unter den Kindergartenkindern zu fordern, enthält diese Mappe bewusst auch einige anspruchsvolle Angebote.

Ich wünsche Ihnen und Ihren Kindern viel Spaß mit den Spiel-, Bastel- und Arbeitsanregungen in dieser Mappe und eine spannende Zeitreise in die Welt der Dinosaurier.

Herzliche Grüße
Mareike Brombacher

Hinweis:
Aus Gründen der besseren Lesbarkeit wird im Folgenden auf eine sprachliche Differenzierung der Geschlechterbezeichnungen verzichtet. Da die Erzieher*innen in Kindertagesstätten zumeist weiblich sind, haben wir uns hier für die weibliche Form entschieden. Selbstverständlich sind stets alle Geschlechter angesprochen.

Vorbemerkungen und Arbeitshinweise

Zu den verwendeten Symbolen

Bildungsbereiche (jeweils das äußerste Symbol oben rechts auf den Arbeitsblättern):

 Sprachliche Bildung

 Musikalische Bildung

 Ästhetische Erziehung

 Umwelt-, Sach- und Naturbegegnung

 Gesundheit und Ernährung

 Mathematische Bildung

 Feste und Feiern

 Wahrnehmung und Entspannung

 Körpererfahrung und Bewegung

 Sozialerfahrungen

Sonstige Symbole:

 geeignet für die Begabtenförderung

 für unter 3-Jährige geeignet

Layout:

- Die Seiten mit **dem Dinosaurier** im Layout unten rechts sind für die Erzieherin gedacht.
- Die Seiten mit dem **Dinosaurier im Ei** unten rechts sind Arbeitsblätter, die direkt mit den Kindern bearbeitet werden können.

Tipps und Anregungen zu den einzelnen Angeboten

Zum Umgang mit den Arbeitsblättern:
Diese Projektmappe enthält auch einige Arbeitsblätter, deren Aufgabenstellung Sie mit den Kindern in Kleingruppen besprechen (vorlesen) müssen.
Für die Aufbewahrung der Arbeitsblätter empfehle ich, je nach Gruppensituation und organisatorischen Bedingungen, verschiedene Möglichkeiten:

- Ablagefächer (alternativ unifarben gestaltete Deckel von Kopierpapierkartons). Die Kinder haben so freien Zugriff auf die darin sortierten Arbeitsblätter und können ihre Aufgaben selbst auswählen.
- Jedes Kind verfügt über einen Schnellhefter, in den die Erzieherin regelmäßig nach Alter und Entwicklungsstand ausgewählte Arbeitsblätter (z. B. zwei Arbeitsblätter pro Woche) einheftet oder gemeinsam mit dem Kind aussucht. Die Kinder wählen die Zeit der Bearbeitung entweder frei oder es gibt festgelegte Zeiten, innerhalb derer das Kind seine Arbeitsblätter bearbeiten kann.
- Die fertiggestellten Arbeitsblätter werden im Schnellhefter oder in einer Sammelmappe / einem Sammelordner abgeheftet bzw. gehören als Anlage zur Bildungsdokumentation oder zum Portfolio.

Jedes Arbeitsblatt in diesem Projektheft ist einem Bildungsbereich zugeordnet. In der Regel ist es jedoch so, dass die Spielideen, Bastelanleitungen und Lieder niemals nur einen Bildungsbereich ausfüllen, sondern mehrere.

Vorbemerkungen und Arbeitshinweise

Zehn Dinosaurier ausführlicher vorstellen:
Zehn bekannte Dinosaurier werden den Kindern ausführlicher im Stuhlkreis vorgestellt – bestimmt können einige Dino-Experten in der Kinderrunde viel Wissen dazu beisteuern.
Zu jedem dieser Dinosaurier gibt es jeweils ein großes Ausmalbild und einen Steckbrief. Mit Hilfe der Materialien können die Erzieherinnen den Kindern etwas über den jeweiligen Dinosaurier erzählen. Der Steckbrief ist jeweils so zu verstehen, dass den Kindern nicht alle Informationen daraus erzählt werden müssen, die Erzieherin bei Nachfragen aber eine Antwort nachlesen kann – zum Beispiel, wann genau der Dino gelebt hat oder wie schwer er war. Kinder sind in Sachen Dinosaurier häufig so gut informiert, dass sie ihr Wissen gerne zeigen und auch ergänzen wollen. Es bietet sich an, die Größe und Länge dieser Tiere mit einem Metermaß anschaulich zu machen, zum Beispiel, indem Sie im Flur der Einrichtung die Gesamtlänge ausmessen. Dann kann sich ein Kind an das Schwanzende des Dinosauriers stellen und ein anderes an den Kopf. So erhalten die Kinder einen Eindruck davon, um welche riesigen Tiere es sich damals häufig gehandelt hat.

Dinosaurier, die hier ausführlicher vorgestellt werden:
Velociraptor, Stegosaurus, Tyrannosaurus Rex, Pteranodon, Brachiosaurus, Triceratops, Oviraptor, Ankylosaurus, Elasmosaurus, Spinosaurus

Zu den Steckbriefen, ab S. 5:
Es muss darauf hingewiesen werden, dass das Wort „Dinosaurier“ eigentlich nur Tiere beschreibt, die an Land lebten. Flugsaurier (wie Pteranodon (s. S. 8)) und Wassersaurier (wie Elasmosaurus (s. S. 13)) sind enge Verwandte, die zwar zeitgleich lebten, aber eben nur als „Saurier“ betitelt werden. Wahrscheinlich ist es sinnvoll, wenn Sie versuchen, Ihren Kindern den Unterschied zu erklären.

Zu „Die klingende Höhle“, S. 20:
Die Erzieherin sollte darauf achten, dass manche Kinder sich ungern die Augen verbinden lassen, weil sie unsicher sind oder Angst haben. Evtl. kann es helfen, wenn sich das Kind mit einem Partner zusammentun darf.

Zu „Wir stellen selbst ein Ausgrabungsset her“, S. 29:
Hat der Kindergarten die finanziellen Mittel, ist es auch schön, ein Plastik-Dinosaurierskelett zu kaufen, zu zerlegen und in jeden der Joghurtbecher ein Teil davon zu legen. So können die Kinder ihren freigekratzten Knochen dann mit den Knochen der anderen Kinder zu einem gesamten Dino zusammensetzen, der anschließend in der Gruppe bleibt.

Zu „Wer ist wer?“, S. 40:
Die Kinder, die diesen Bogen ausfüllen möchten, erhalten von der Erzieherin eine kleine Einführung: Die Forscher finden immer wieder Dinosaurier-Knochen und setzen diese zu einem Skelett zusammen.
Anhand des Skelettes und auch anhand der ihnen bekannten Tierskelette aus der heutigen Tierwelt leiten sie sich davon das Aussehen, die Lebensweise, Ernährung und den Körperbau des Dinosauriers ab.
Tipp:
Wenn die Kinder das Dinosaurierbuch schon angefangen haben, können sie die Bilder auch ausschneiden und immer die beiden zusammengehörenden nebeneinander einkleben.

Zu den Rezepten, S. 42/43:
Achtung: Bitte achten Sie bei den Rezepten auf eventuelle Lebensmittelunverträglichkeiten der Kinder!

Zu „Bastelangebot: Tischset“, S. 44:
Vergrößern Sie das Tischset auf DIN A3 und kopieren Sie es entsprechend der Anzahl der Kinder. Die Kinder können es selbst ausmalen. Im Anschluss können Sie es, wenn möglich, laminieren. So dient es als abwaschbare Tischunterlage.

Zu „Dino-Mitbringtag im Kindergarten“, S. 57:
Sollten manche Kinder zu Hause keine Dino-Spielzeuge haben, wäre es gut, wenn Sie in der Kita noch ein paar zusätzliche Spielzeuge zur Verfügung stellen.

Steckbrief „Velociraptor“

Körpermerkmale

- **Höhe:** 1 m
- **Länge:** 1,80 m
- **Gewicht:** 7 – 15 kg
- **Hautbedeckung:** Federn
- **Besonderheiten:** 80 spitze Zähne, langer Schwanz (besonders geeignet, um im schnellen Lauf das Gleichgewicht zu halten), Krallen an den Zehen (extrem scharfe Sichelkralle am zweiten Zeh)

Ernährungsweise

- **Er gehörte zu den:** Fleischfressern
- **So kam er an sein Futter:** Er könnte Rudel gebildet haben, um auch größere Beutetiere erlegen zu können. Mit den scharfen Sichelkrallen hielt der Velociraptor seine Opfer fest und biss sie schließlich tot. Die Kralle könnte auch zum Durchstechen der Halsader oder Luftröhre gedient haben.

Forscherwissen

- **Wann lebte er?** vor ca. 84 – 70 Millionen Jahren
- **Wann wurde er gefunden?** 1924
- **Wo wurde er gefunden?** in der Mongolei
- **Was bedeutet sein Name?** „Schneller Räuber“

Ausmalbild „Velociraptor“

Steckbrief „Stegosaurus“

Körpermerkmale

- **Höhe:** 3,50 m
- **Länge:** 8 – 9 m
- **Gewicht:** 2 t
- **Hautbedeckung:** schuppig, teils verknöchert (zum Schutz vor Feinden)
- **Besonderheiten:** eine Doppelreihe spitzer Platten auf dem Rücken (vom Nacken bis zum Schwanz), vier Dornen auf dem Schwanzende (zur Verteidigung im Kampf), sehr kleiner Kopf (kleines Gehirn und vermutlich nicht sehr intelligent), kleine flache Zähne zum Zerquetschen von Pflanzen

Ernährungsweise

- **Er gehörte zu den:** Pflanzenfressern
- **So kam er an sein Futter:** Er war meist mit seiner Familie zusammen, während er friedlich die niedrig wachsenden Pflanzen (wie z. B. Moose oder Farne) abgraste und mit seinen Zähnen zerquetschte. Zusätzlich fraß er vermutlich kleine Steine, die ihm im Magen bei der Zerkleinerung der Nahrung halfen.

Forscherwissen

- **Wann lebte er?** vor ca. 156 – 140 Millionen Jahren
- **Wann wurde er gefunden?** 1877
- **Wo wurde er gefunden?** in Nordamerika
- **Was bedeutet sein Name?** „Dachechse“

Ausmalbild „Stegosaurus“

Steckbrief „Tyrannosaurus Rex“

Körpermerkmale

- **Höhe:** 6 m
- **Länge:** 12 – 13 m
- **Gewicht:** 7 t
- **Hautbedeckung:** schuppig, evtl. Ansätze für Federn
- **Besonderheiten:** 15 cm lange dolchartige Zähne, starke Beine mit jeweils drei Zehen, extrem kurze Arme mit je zwei Fingern und Krallen, sehr großer Schädel

Ernährungsweise

- **Er gehörte zu den:** Fleischfressern (und Aasfressern)
- **So kam er an sein Futter:** Er fixierte seine Beute und jagte sie eventuell auch im Rudel, da seine Beine nicht gut für schnelle Sprints geeignet waren. Hatte er sein Beutetier jedoch einmal erwischt, hatte dieses keine Chance mehr, dem kräftigen Kiefer zu entkommen.

Forscherwissen

- **Wann lebte er?** vor ca. 80 – 65 Millionen Jahren
- **Wann wurde er gefunden?** 1902
- **Wo wurde er gefunden?** in Nordamerika und Kanada
- **Was bedeutet sein Name?** „Tyrannenechse“

Ausmalbild „Tyrannosaurus Rex“

Steckbrief „Pteranodon“

Körpermerkmale

- **Flügelspannweite:** bis zu 7 m
- **Länge:** bis zu 2 m
- **Gewicht:** 17 kg
- **Hautbedeckung:** Körper: schuppig, Flügel: Flughaut
- **Besonderheiten:** zahnloser Schnabel, großer Schädelkamm aus Schädelknochen (Nutzen bis heute unklar), Flughäute sind zwischen dem stark verlängerten vierten Finger und dem Körper gespannt (ähnlich wie bei einer Fledermaus)

Ernährungsweise

- **Er gehörte zu den:** Fleischfressern (hauptsächlich Fische)
- **So kam er an sein Futter:** Im Tiefflug tauchte er seinen Schnabel ins Wasser, fing damit Fische und schluckte sie vollständig hinunter. Einige Experten vermuten, dass der Pteranodon auch auf der Wasseroberfläche schwimmen konnte und von dort aus nach Futter suchte.

Forscherwissen

- **Wann lebte er?** vor ca. 100 – 70 Millionen Jahren
- **Wann wurde er gefunden?** 1876
- **Wo wurde er gefunden?** in Nordamerika
- **Was bedeutet sein Name?** „Zahnloser Flügel“

Ausmalbild „Pteranodon“

Steckbrief „Brachiosaurus“

Körpermerkmale
- **Höhe:** 13 m
- **Länge:** 25 m
- **Gewicht:** bis zu 44 t
- **Hautbedeckung:** dicke Haut, ähnlich wie beim Elefanten
- **Besonderheiten:** außergewöhnlich große Nasenlöcher auf der Oberseite des Schädels

Ernährungsweise
- **Er gehörte zu den:** Pflanzenfressern
- **So kam er an sein Futter:** Mit seinem langen Hals gelang es ihm, auch die Blätter an hohen Bäumen zu fressen. Wegen seiner enormen Größe musste er vermutlich riesige Mengen an Pflanzen fressen, um überleben zu können.

Forscherwissen
- **Wann lebte er?** vor ca. 158 – 145 Millionen Jahren
- **Wann wurde er gefunden?** 1903
- **Wo wurde er gefunden?** in Nordamerika, Portugal und Afrika
- **Was bedeutet sein Name?** „Armechse“

Ausmalbild „Brachiosaurus“

Steckbrief „Triceratops“

Körpermerkmale

- **Höhe:** 2 – 3 m
- **Länge:** 5 – 9 m
- **Gewicht:** 10 t
- **Hautbedeckung:** lederartige Haut, evtl. früher Federn
- **Besonderheiten:** Nackenschild mit gewelltem Rand, zwei große Hörner über den Augen und eins vorne auf der Nase, harter Schnabel

Ernährungsweise

- **Er gehörte zu den:** Pflanzenfressern
- **So kam er an sein Futter:** Mit dem harten Schnabel konnte er auch besonders zähe Pflanzen abrupfen und fressen.

Forscherwissen

- **Wann lebte er?** vor ca. 70 – 65 Millionen Jahren
- **Wann wurde er gefunden?** 1889
- **Wo wurde er gefunden?** in Nordamerika
- **Was bedeutet sein Name?** „Dreihorngesicht“

Ausmalbild „Triceratops“

Steckbrief „Oviraptor“

Körpermerkmale
- **Höhe:** 80 cm
- **Länge:** 2 – 2,5 m
- **Gewicht:** 30 – 35 kg
- **Hautbedeckung:** Federn
- **Besonderheiten:** sehr vogelähnliches Aussehen, Schädelkamm

Ernährungsweise
- **Er gehörte zu den:** Allesfressern
- **So kam er an sein Futter:** Zunächst vermutete man, dass sein Schnabel zum Knacken von Eierschalen gedacht war. Heute geht man jedoch davon aus, dass er damit hauptsächlich Muscheln, Nüsse und verschiedene Schalentiere öffnete.

Forscherwissen
- **Wann lebte er?** vor ca. 85 – 71 Millionen Jahren
- **Wann wurde er gefunden?** 1923
- **Wo wurde er gefunden?** in Asien (Mongolei)
- **Was bedeutet sein Name?** „Eierdieb“

Ausmalbild „Oviraptor“

Steckbrief „Ankylosaurus“

Körpermerkmale
- **Höhe:** 5 m
- **Länge:** 8 – 9 m
- **Gewicht:** 3,5 t
- **Hautbedeckung:** in die Haut eingelassene Knochenplatten (Panzer)
- **Besonderheiten:** Schwanzkeule, stämmige Füße, wuchtiger Schädel, zahnloser Hornschnabel

Ernährungsweise
- **Er gehörte zu den:** Pflanzenfressern
- **So kam er an sein Futter:** Er graste meist allein, konnte die Nahrung jedoch nicht gründlich kauen, sodass die Zersetzung der Pflanzen erst im großen Verdauungstrakt vonstatten ging.

Forscherwissen
- **Wann lebte er?** vor ca. 69 – 66 Millionen Jahren
- **Wann wurde er gefunden?** 1908
- **Wo wurde er gefunden?** in Nordamerika
- **Was bedeutet sein Name?** „Versteifte Echse“

Ausmalbild „Ankylosaurus“

Steckbrief „Elasmosaurus“

Körpermerkmale
- **Höhe:** 7 m
- **Länge:** 14 m
- **Gewicht:** 450 kg
- **Hautbedeckung:** glatt oder mit kleinen Schuppen bedeckt
- **Besonderheiten:** extrem langer Hals mit kleinem Kopf, große Flossen, recht kurzer Schwanz

Ernährungsweise
- **Er gehörte zu den:** Fleischfressern
- **So kam er an sein Futter:** Mit seinen scharfen Zähnen und seinem langen Hals gelang es ihm, unter Wasser viele Beutetiere zu fangen und zu verschlingen, auch wenn diese sehr schnell schwammen.

Forscherwissen
- **Wann lebte er?** vor ca. 80 Millionen Jahren
- **Wann wurde er gefunden?** 1867
- **Wo wurde er gefunden?** in Nordamerika
- **Was bedeutet sein Name?** „Plattenechse“

Ausmalbild „Elasmosaurus“

Steckbrief „Spinosaurus“

Körpermerkmale

- **Höhe:** 5 – 6 m
- **Länge:** 16 – 18 m
- **Gewicht:** 7 – 9 t
- **Hautbedeckung:** schuppig
- **Besonderheiten:** Dornfortsätze auf dem Rücken, die mit einer Art „Hautsegel“ verbunden werden, sehr lange Schnauze (ähnlich wie bei dem Krokodil), kräftige Vordergliedmaßen mit gekrümmten Krallen

Ernährungsweise

- **Er gehörte zu den:** Fleischfressern
- **So kam er an sein Futter:** Seine massiven Krallen machten es möglich, auch glitschige Beute festzuhalten. Noch dazu konnte er auch im Wasser Beute jagen, da er mit den kleinen Nasenlöchern noch atmen konnte, wenn er schon fast untergetaucht war.

Forscherwissen

- **Wann lebte er?** vor ca. 112 – 97 Millionen Jahren
- **Wann wurde er gefunden?** 1912
- **Wo wurde er gefunden?** in Ägypten
- **Was bedeutet sein Name?** „Dornenechse“

Ausmalbild „Spinosaurus“

BVK • Mareike Brombacher: Kita aktiv „Projektmappe Dinosaurier“

Lang und kurz: Silben-Klatsch-Spiel (ab 3 Jahren)

Arbeitsanleitung:

1. Die Kinder setzen sich in einen Stuhlkreis.
2. Einführung:
   Die Erzieherin macht die Kinder darauf aufmerksam, dass es lange und kurze Noten und Sprechrhythmen gibt. Probehalber versucht sie es mit einzelnen Sätzen, die den Kindern vertraut sind, wie zum Beispiel: „So-phia, komm mal run-ter!“ oder auch „Benjamin, wir ge-hen!“ oder „Kin-der, es gibt E-ssen.“ (Die Trennstriche sind nicht orthographisch korrekt, sondern orientieren sich an der tatsächlichen Betonung). Der Unterschied wird den Kindern häufig erst dann bewusst, wenn sie alle Silben gleich kurz sprechen. So-phi-a-komm-mal-run-ter klingt sehr starr und roboterhaft.
   Nun stellen die Kinder anhand des einzelnen Beispielsatzes fest, an welcher Stelle die Silben sind, die lang gesprochen werden (phi, run).
3. Der Dinosaurier-Sprechvers wird dann mit den Kindern gemeinsam laut gesprochen. Bei den kurzen Silben wird mitgeklatscht, bei den langen Silben wird mit beiden Füßen fest aufgestampft.
   So wird die Betonung noch deutlicher.
4. Anhand der Vorlage können die Kinder die einzelnen Klatscher und Stampfer noch einmal zusätzlich nachverfolgen, da diese durch entsprechende Symbole (Hände und Füße) gekennzeichnet sind.

Kommt ein Dinosaurier,
will ein Blättlein fressen.
Als eine Libelle kommt,
hat er das Blatt vergessen.

Klatschspiel

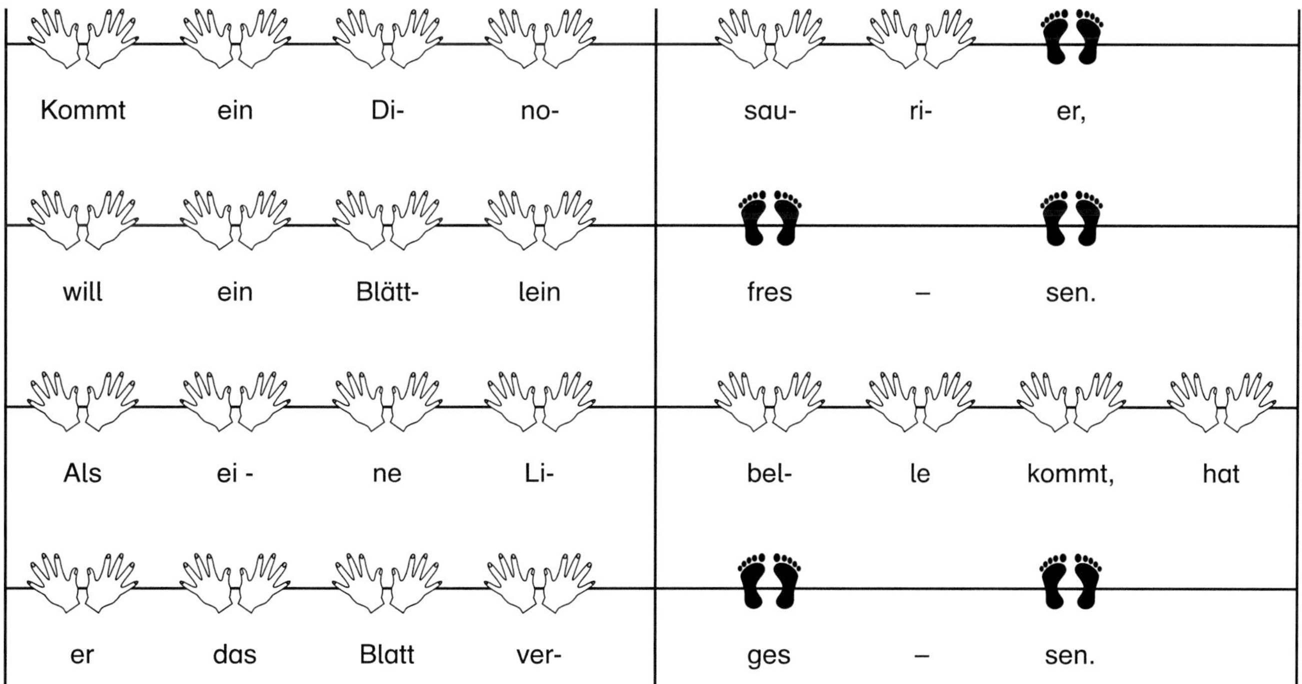

Fliegt oder fliegt nicht? – Tiere zur Zeit der Dinosaurier (ab 3 Jahren)

Material:
Kopiervorlage „Tiere zur Zeit der Dinosaurier", Buntstifte, Schere

Arbeitsanleitung:
1. Die Erzieherin kopiert die Vorlage, malt die Tierkarten gemeinsam mit den Kindern an und schneidet sie aus.
2. Sie legt die Bildkarten mit dem Bild nach unten auf einen Stapel.
3. Die Kinder setzen sich um einen Tisch herum.
4. Die Erzieherin erklärt den Kindern kurz, dass es zur Zeit der Dinosaurier noch andere Tiere auf der Erde gab, zum Beispiel: die Eidechse, den Vogel, das Krokodil, die Schildkröte, den Frosch, die Schlange, die Biene, die Wespe, die Libelle und den Hai.
5. Die Erzieherin dreht die oberste Karte um, klopft mit beiden Zeigefingern abwechselnd auf die Tischkante und sagt „Alle ... (z. B. Libellen) ... fliegen hoooooch!".
6. Die Kinder klopfen gleichzeitig mit der Erzieherin ihre Zeigefinger auf die Tischkante, sprechen den Satz mit und bei „hoooooch" reißen sie die Arme nach oben in die Luft.
7. Handelt es sich um ein Tier, das nicht fliegen kann, wie beispielsweise das Krokodil, klopfen die Kinder weiter mit ihren Zeigefingern gegen die Tischkante und die Erzieherin zieht die nächste Karte.

Kopiervorlage „Tiere zur Zeit der Dinosaurier"

Diese Tiere gab es schon zur Zeit der Dinosaurier:
Eidechse, Vogel, Krokodil, Schildkröte, Frosch, Schlange, Biene, Wespe, Libelle, Großmaulhai

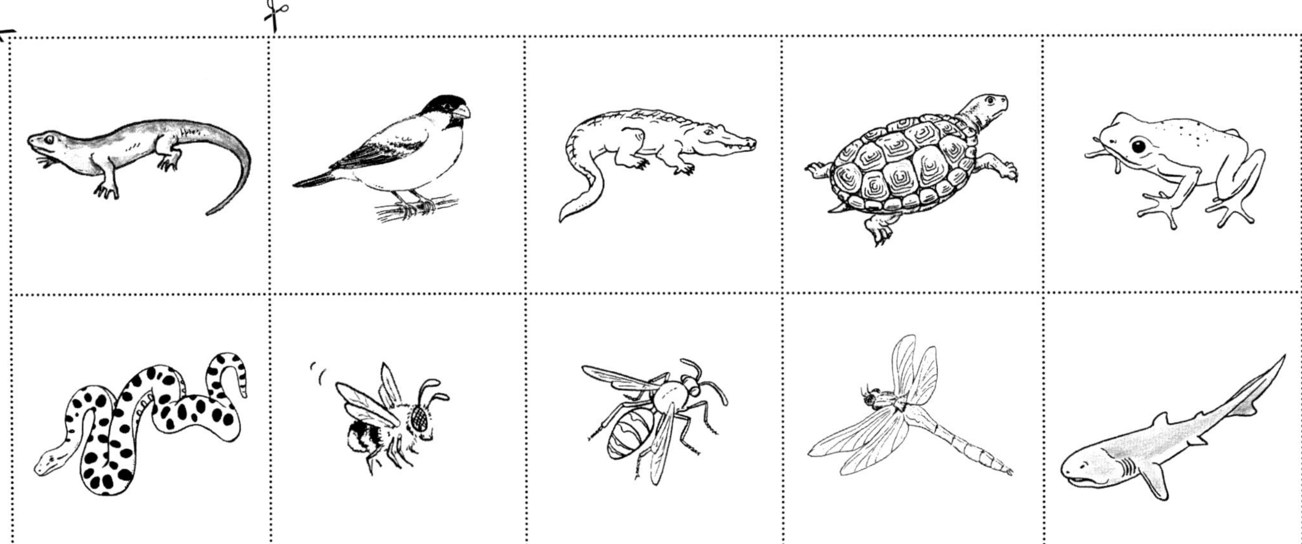

Bitte entsprechend hochkopieren.

BVK • Mareike Brombacher: Kita aktiv „Projektmappe Dinosaurier"

Wie viele Silben hat der Dino-Name? (ab 4 Jahren)

 Klatsche.
Verbinde Dino und Zahl.

E-las-mo-sau-rus

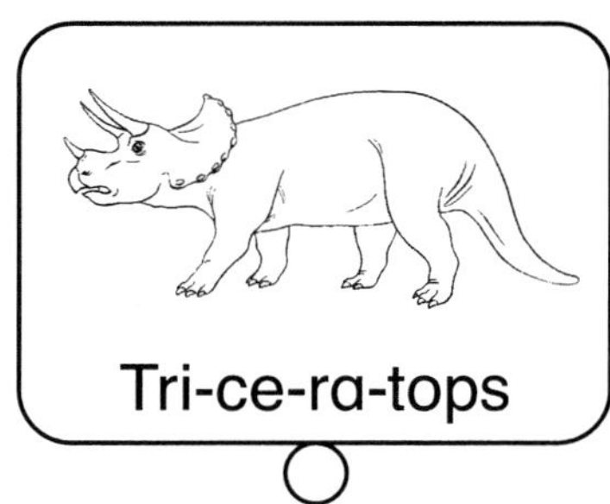
Tri-ce-ra-tops

Ty-ran-no-sau-rus-Rex

Spi-no-sau-rus

Ste-go-sau-rus

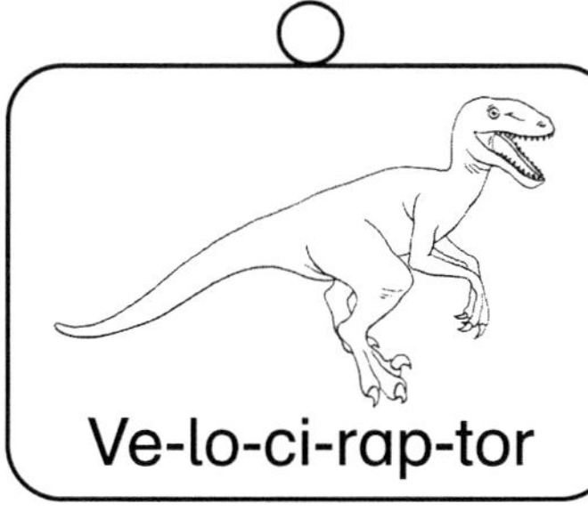
Ve-lo-ci-rap-tor

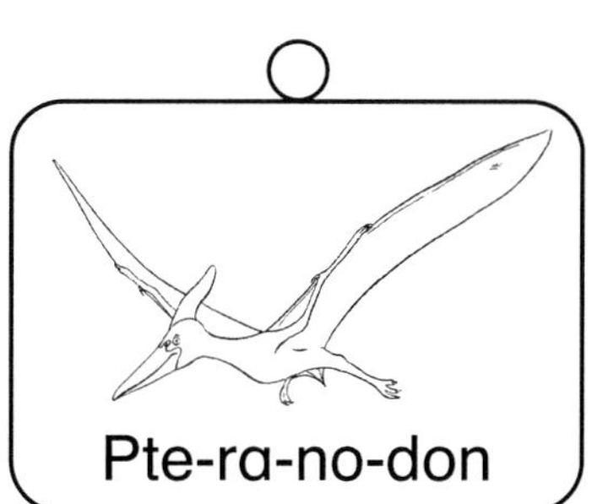
Pte-ra-no-don

Bra-chi-o-sau-rus

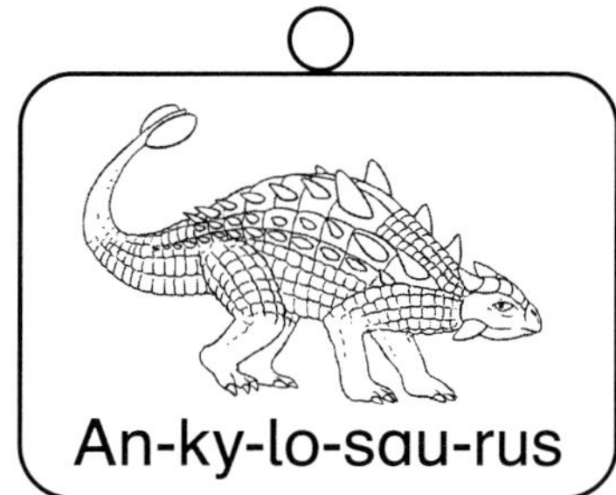
An-ky-lo-sau-rus

O-vi-rap-tor

Lied: „Ein Dino kommt gelaufen“ (ab 3 Jahren)

Arbeitsanleitung:
Die Kinder stellen sich im Kreis auf. Gemeinsam mit den Erzieherinnen singen sie das Lied „Ein Dino kommt gelaufen“. Dabei stampfen sie das ganze Lied über mit den Füßen.

Bei den Zeilen zur Handlung werden entsprechende Bewegungen gemacht:

Liedtext	Bewegungen
frisst meinen Garten leer	*Hände „pflücken“ pantomimisch etwas und führen es in den Mund/das Maul.*
rennt mir hinterher	*Kurzzeitig schneller stampfen und die Arme anwinkeln, um „rennen“ anzudeuten!*
und winken noch zum Gruß	*Alle Kinder winken und das Lied geht wieder von vorne los.*

Ein Dino kommt gelaufen

Ein Dino kommt gelaufen

1. Ein Dino kommt gelaufen,
   frisst meinen Garten leer,
   ich muss Radieschen kaufen,
   er rennt mir hinterher.

2. Da kommen alle Dinos
   und stampfen mit dem Fuß.
   Sie singen mir ein Liedchen
   und winken noch zum Gruß.

© Melodie: Ein Hund kam in die Küche, überliefert
Text: Mareike Brombacher

Hinhör-Geschichte „Der Eierdieb“ (ab 3 Jahren)

Material:
in der Gruppe vorhandene Instrumente (ideal wäre das Orff-Instrumentarium), pro Kind 1 Ausmalbild vom Oviraptor (s. S. 11)

Arbeitsanleitung:
1. Die Kinder setzen sich auf den Boden oder in einen Stuhlkreis. Jeder bekommt (wenn genug vorhanden) ein Instrument.
2. Die Erzieherin erklärt den Kindern: „Es gab einen Dinosaurier, der lange Zeit den Ruf hatte, den anderen Dinos ständig die Eier wegzustibitzen. In Wahrheit tat er das aber gar nicht – das haben Forscher erst später herausgefunden. Ihr müsst jetzt gemeinsam mit der Dino-Mutter gut auf die Eier aufpassen. Immer, wenn ihr das Wort ‚Ei' hört, dürft ihr mit euren Instrumenten laute Geräusche machen. Dazu müsst ihr sehr gut zuhören und eure Ohren spitzen, während die Geschichte vom angeblichen Eierdieb vorgelesen wird.“
3. Dann liest die Erzieherin die Geschichte vor und die Kinder machen entsprechende Geräusche.

Vorlesetext

Es war einmal eine Dino-Mutter. Sie war ein Brachiosaurierweibchen und deshalb sehr groß und auch sehr stark. Die Brachiosaurier gehörten zu den größten Lebewesen, die jemals an Land auf unserer Erde gelebt haben. Die Dino-Mutter hatte ihre **Eier** heil auf den Boden gebracht. Nun wurden sie von der Sonne gewärmt und die Jungen konnten in den **Eiern** heranwachsen. Hinter einem Busch raschelte es plötzlich. Die Sauriermutter machte einen großen Schritt nach vorne, um zu sehen, wer da war. Nichts zu sehen. Sie warf wieder einen Blick auf ihre **Eier**. Sie lagen noch alle da. Besorgt hielt sie Ausschau nach ihrem Freund, dem Vater der ungeborenen Dinosaurierbabys. Er wollte ihnen ein paar schöne Äste mit saftigen Blättern holen. Sie entfernte sich ein wenig von dem Felsen, hinter dem die **Eier** lagen. Eigentlich sollte sie ja in der Zwischenzeit auf die **Eier** aufpassen. Ob die Babys wohl bald ausschlüpfen würden? Plötzlich sah sie zwischen dem Busch und den **Eiern** einen Schatten entlanghuschen: Ein Oviraptor! Ein **Eier**dieb! Schnell rannte die Brachiosauriermutter zu ihren **Eiern** zurück.
„Geh weg, lass meine **Eier** in Ruhe!“, rief die Dino-Mutter aufgebracht. „Ich will deine **Eier** gar nicht haben, die schmecken mir überhaupt nicht!“, schimpfte der Oviraptor zurück.
„Ach so?“, sagte das Brachiosaurierweibchen überrascht. „Das habe ich gar nicht gewusst, warum hast du uns das noch nie gesagt?“ Der Oviraptor schnaubte: „Es hat mich ja noch nie jemand danach gefragt! Und jetzt muss ich zurück zu meinen eigenen **Eiern**, sonst werden die noch geklaut!“ Er rannte davon. Erleichtert ließ sich die Dinosauriermutter neben ihren **Eiern** nieder. Bestimmt kam ihr Freund bald zurück. Da knackste es plötzlich in einem **Ei** – ein kleiner Dinosaurierarm kam zum Vorschein, ihre Jungen kamen zur Welt! So ein Glück!

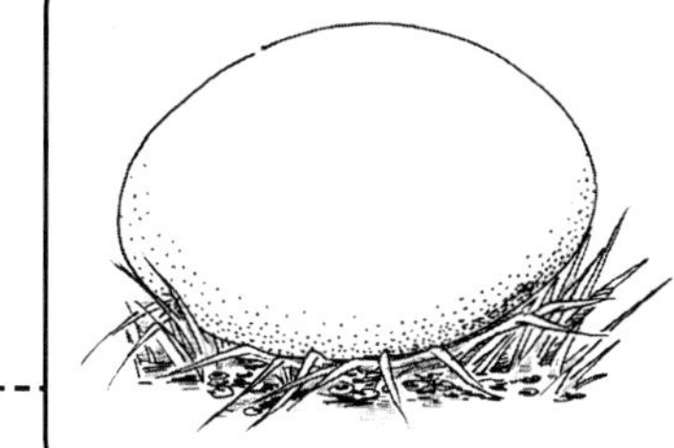

Tipp:
Beim Vorlesen macht die Erzieherin nach jedem Satz eine kleine Pause, damit die Kinder die Chance haben, das Wort „Ei“ zu bemerken.

Gesprächsanregung für einen Stuhlkreis im Anschluss an die Geschichte:
Kennt ihr das auch, dass andere Kinder von euch etwas denken, das gar nicht stimmt? Habt ihr auch schon einmal etwas Falsches von einem anderen Kind gedacht?

Die klingende Höhle (ab 3 Jahren)

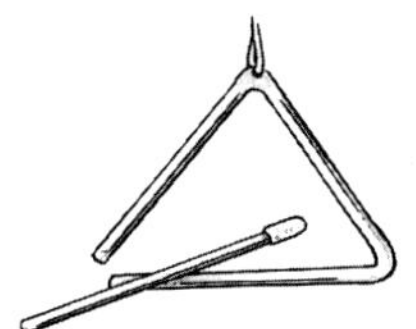

Material:
Klanginstrumente, alternativ: Zeitungspapier oder Bauklötze, 1 Augenbinde

Arbeitsanleitung:
1. Zwei Kinder bilden als „Pfosten“ den Eingang zur Dino-Höhle. Sie stellen sich im Abstand von ca. einem bis anderthalb Metern zueinander auf.
2. Ein anderes Kind bekommt die Augen verbunden. Es spielt den Dino, der in der Nacht den Eingang zu seiner Höhle finden muss.
3. Die Kinder am Höhleneingang machen nun mit den Klanginstrumenten leise Geräusche. (Alternativ rascheln sie mit dem Zeitungspapier oder lassen Bauklötze gegeneinanderschlagen.)
4. Das Kind mit den verbundenen Augen wird einmal im Kreis gedreht und muss dann versuchen, durch genaues Hinhören den Eingang zur Dino-Höhle zu finden.
5. Hat es den Eingang gefunden, darf es die Augenbinde abnehmen und den Platz einer der beiden Türpfosten einnehmen.

Tipp:
Dieses Spiel lässt sich auch draußen spielen. Allerdings ist es dann etwas schwieriger für das Kind mit den verbundenen Augen, denn die Außengeräusche wie Straßenlärm, Vogelgezwitscher oder Blätterrascheln lenken vom Geräusch am Eingang der Dino-Höhle ab. Hier bietet es sich an, dem suchenden Kind einen „sehenden“ Partner zur Seite zu stellen.

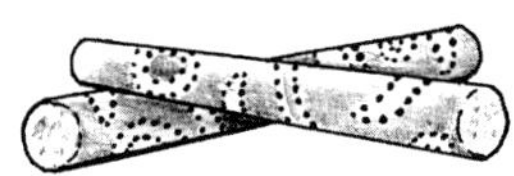

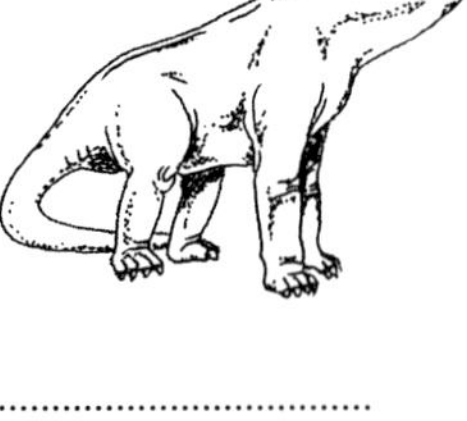

Meteoritenbild (ab 2 Jahren)

Material:
pro Kind 1 Malkittel, Finger-, Plaka®-, oder Acrylfarben, mehrere Schuhkartons mit Deckel, weißes Papier, Kreppklebeband, mehrere Murmeln, Pinsel

Arbeitsanleitung:
1. Die Kinder ziehen Malkittel an und setzen sich an den Basteltisch.
2. Jedes Kind wählt zwei bis drei verschiedene Farben aus.
3. In jeden Schuhkarton und in jeden Schuhkartondeckel wird nun ein Blatt Papier gelegt, das mit etwas Kreppklebeband festgeklebt wird, damit es später nicht verrutscht.
4. Die Erzieherin macht mit den ausgewählten Farben drei Kleckse auf das Papier (Durchmesser etwa 1 cm).
5. Nun kann der Meteorit losfliegen: Die Kinder legen je eine Murmel in den Schuhkarton oder den Schuhkartondeckel und lassen sie durch Kippen des Deckels hin- und hersausen. Dabei nimmt die Murmel Farbe mit und verteilt sie linienförmig im Deckel. Ein buntes Kunstwerk entsteht, das sich sehen lassen kann!
6. Wenn die Farbe getrocknet ist, werden die Bilder aus dem Deckel oder dem Karton entfernt.

Tipp:
Das Meteoritenbild lässt sich wunderbar verknüpfen mit der Einheit „Warum sind die Dinosaurier ausgestorben?“ (s. S. 31 – 32).

Das superbunte Dino-Ei (ab 3 Jahren)

Material:

pro Kind 1 Malkittel, alte Zeitungen, Scheren, pro Kind 1 möglichst großer runder Luftballon, Paketschnur, Kleister, Pinsel, Schüsseln, Wasser, weißes Papier, Wasserfarben oder Plaka®-Farbe, kleine Nadel, 1 Lineal, 1 Wäscheleine, Wäscheklammern

Arbeitsanleitung:

1. Die Kinder ziehen sich die Malkittel an und setzen sich an den Basteltisch.
2. Nun schneiden oder reißen sie die alten Zeitungen in etwa 2 cm breite Streifen, die etwa 10 cm lang sein sollten (Richtwert).
3. Sind die Streifen fertig geschnitten, pustet jedes Kind einen Luftballon auf (oder lässt sich dabei von der Erzieherin helfen). Falls die Kinder sich nicht zwischen zwei Farben entscheiden können: Die Farbe spielt keine Rolle, denn die Luftballons werden überklebt und später können die Kinder selbst die Farben wählen, mit denen sie die Ballons anmalen wollen.
4. Um den Ballonknoten wird ein ca. 20 cm langes Stück Paketschnur geknotet.
5. Die Erzieherin rührt den Kleister der Packungsanleitung entsprechend an und füllt ihn in mehrere Schüsseln, sodass alle Kinder gut herankommen.
6. Jetzt nehmen sich die Kinder einen Streifen nach dem anderen, ziehen ihn durch den Kleister und legen ihn kreuz und quer über den Luftballon. Der Knoten wird frei gelassen.
7. Ist der Luftballon ganz überdeckt mit Zeitungsstreifen, wird er zum Trocknen mit den Wäscheklammern an die Wäscheleine gehängt. (Am besten an eine Stelle, an der die Kinder nicht toben bzw. so hoch, dass die Kinder nicht daran stoßen, wenn sie im Gruppenraum spielen.)
8. Ist der Kleister getrocknet, folgt die zweite Schicht. Dieses Mal schneiden die Kinder weißes Papier in entsprechende Streifen. Der Arbeitsablauf ist derselbe wie beim Zeitungspapier. Wieder ist es wichtig, die Streifen kreuz und quer über den Ballon zu legen. Sobald das Ei komplett weiß ist, kann es wiederum zum Trocknen aufgehängt werden.
9. Nun kommen die Farben zum Einsatz: Sobald das Dino-Ei getrocknet ist, wird es abgehängt. Mit den Wasser- oder Plaka®-Farben malen die Kinder ihr Dino-Ei so an, wie sie es sich vorstellen.
10. Zum Schluss muss nur noch die Farbe auf den Dino-Eiern trocknen – am besten hängt die Erzieherin sie dazu wieder am altbewährten Platz auf.
11. Wer sich traut, darf den Ballon dann direkt selbst neben dem Knoten mit einer kleinen Nadel einpiksen und platzen lassen. (Meist entweicht die Luft nur leise.)

Tipp:
Da das Dino-Ei rund um den Knoten des Ballons eine kleine Öffnung hat, können die Kinder mit ihren kleineren Dino-Figuren spielen, dass sie Dinosaurier-Babys haben.

Dinosauriermasken basteln (ab 3 Jahren)

Material:

Tonkarton in verschiedenen Farben, Kopiervorlagen „Masken“ (s. unten und S. 23 – 24), Scheren, Prickelnadeln, Prickelunterlagen, Gummibänder, Wachsmalstifte, Wasserfarben, evtl. Malkittel, Klebstoff, 1 Locher

Arbeitsanleitung:

1. Die Kopiervorlagen für die Masken werden hochkopiert. Pro Kind wird eine Maske benötigt und auf Tonkarton geklebt.
2. Die Kinder wählen eine Dinosauriermaske, schneiden oder prickeln sie aus und malen sie nach ihren eigenen Vorstellungen an.
3. Die Erzieherinnen helfen den Kindern, die Nasenlöcher der Dinos auszuschneiden. (Diese dienen hinterher als Gucklöcher, da die Augen der Dinos zu weit außen sitzen.)
4. Die Erzieherinnen lochen anschließend Löcher in die Seitenteile und ziehen das Gummiband hindurch.

Kopiervorlagen „Masken“ (1)

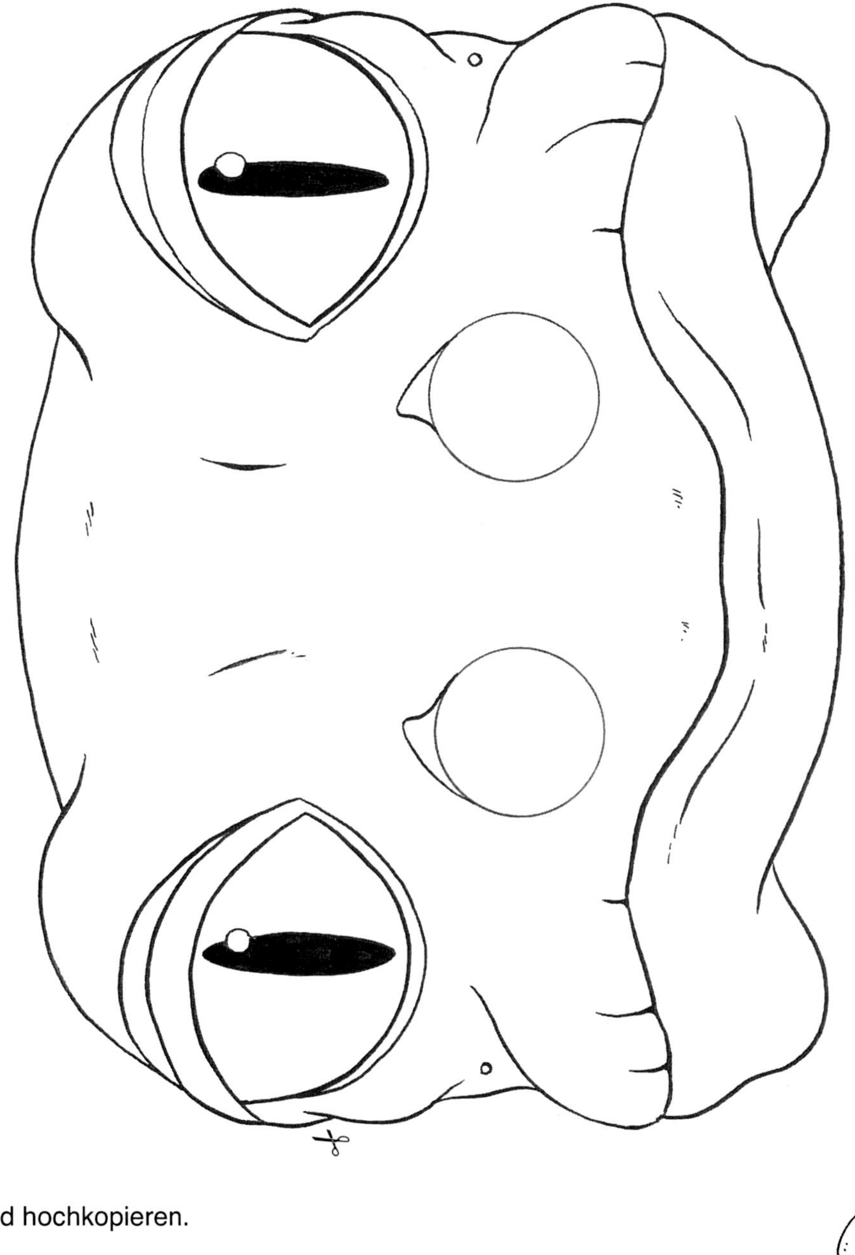

Bitte entsprechend hochkopieren.

Kopiervorlagen „Masken“ (2)

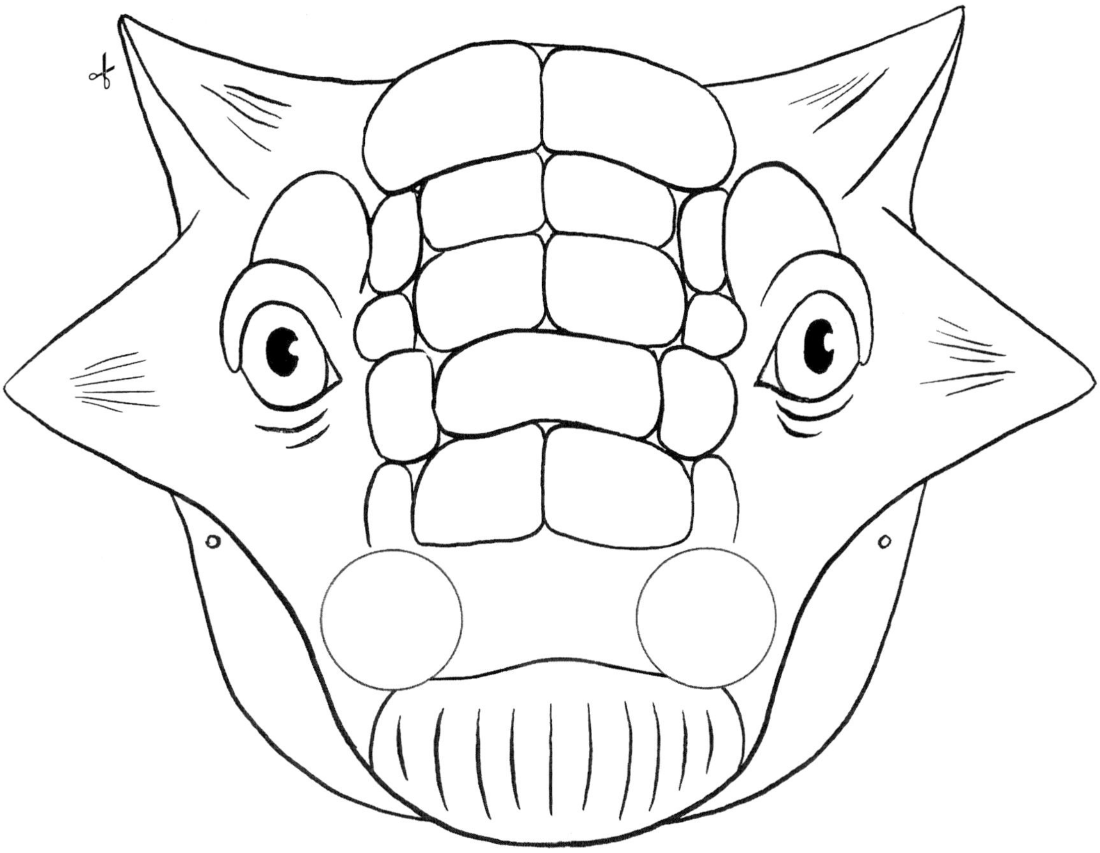

Bitte entsprechend hochkopieren.

Kopiervorlagen „Masken“ (3)

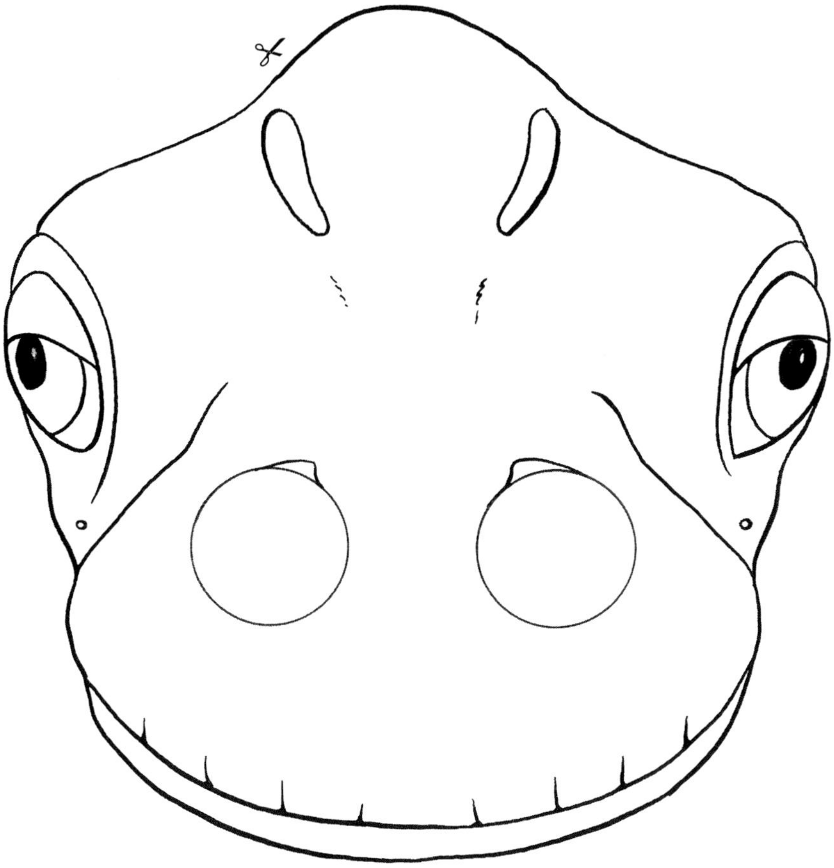

Bitte entsprechend hochkopieren.

Die Vulkanlandschaft (ab 4 Jahren)

Male an.

Vulkanlandschaft aus Pappmaschee (ab 3 Jahren)

Material:

pro Kind 1 Malkittel, alte Zeitungen, weißes Papier, Kleister, Pinsel, 1 breites Gefäß, wenn vorhanden: Styropor®stücke, leere Joghurtbecher, Klopapierrollen oder Pappschachteln, Sperrholz- bzw. Spanplatte oder dicker Karton (1 x 1,50 m), Finger-, Plaka®-, oder Acrylfarbe, 1 Lineal, Spielzeugdinos

Arbeitsanleitung:

1. Die Kinder ziehen sich die Malkittel an und setzten sich an den Basteltisch.
2. Zur Vorbereitung reißen die Kinder gemeinsam mit den Erzieherinnen das Zeitungspapier und das weiße Papier in Streifen. Dabei werden Streifen von etwa 5 cm Breite, aber auch schmalere von etwa 2 cm Breite benötigt.
3. Die Erzieherin rührt den Kleister der Packungsanleitung entsprechend an und füllt ihn in ein breites Gefäß, sodass alle Kinder gut herankommen.
4. Nun überlegen die Kinder gemeinsam mit der Erzieherin, an welche Stelle der Sperrholz- bzw. Spanplatte der Vulkan gesetzt werden soll, wohin der See kommt und welchen Weg der Fluss nehmen wird.
5. Steht dies fest, kann das Formen beginnen: Die Kinder zerknüllen Zeitungspapier, tunken es in den Kleister und formen damit den Vulkan und das gesamte Gelände.
   Die Formarbeit kann mit Hilfe der mitgebrachten Utensilien wie den Styropor®stücken, Joghurtbechern, Klopapierrollen oder Pappschachteln unterstützt werden.
6. Diese Grundformen werden mit den Zeitungsstreifen, die vorher ebenfalls in Kleister getunkt werden, überzogen und so an der Bodenplatte befestigt.
7. Der Fluss muss nicht extra geformt werden, er wird anschließend einfach aufgemalt.
8. Sind alle Formen aus Pappmaschee so, wie sie sein sollen, wird die Zeitungsoberfläche komplett mit Streifen aus weißem Papier überzogen, das ebenfalls durch den Kleister gezogen wird.
9. Die weiße Vulkanlandschaft muss nun erst einmal trocknen (am besten in der Nähe einer Heizung). Zwei Tage später können die Kinder die Landschaft gemeinsam mit der Erzieherin anmalen – und dann können die Spielzeugdinos Einzug halten.

Tipp:

Je nach vorhandenem Material sind der Fantasie für diese Landschaft keine Grenzen gesetzt: Zum Beispiel lässt sich mit Hilfe der Klopapierrollen eine Dino-Höhle bauen und das Styropor® kann dazu dienen, eine steilere Felswand zu gestalten.

Dino-Prickelbild (ab 3 Jahren)

Material:
Kopiervorlagen (s. S. 27 – 28), pro Kind 1 Prickelunterlage mit Prickelnadel, Tonkarton, Kleber, Buntstifte, 1 Schere

Arbeitsanleitung:
1. Jedes Kind erhält eine Prickelunterlage, eine Prickelnadel und ein Dino-Bild auf Tonkarton.
2. Jetzt prickeln die Kinder das Bild aus und malen es an.

Tipp:
Das Bild kann entweder mit nach Hause genommen werden oder aber für die Dekoration beim Dino-Fest an die Fenster im Gruppenraum geklebt werden (s. S. 51).

Kopiervorlage „Dino-Prickelbild" (1)

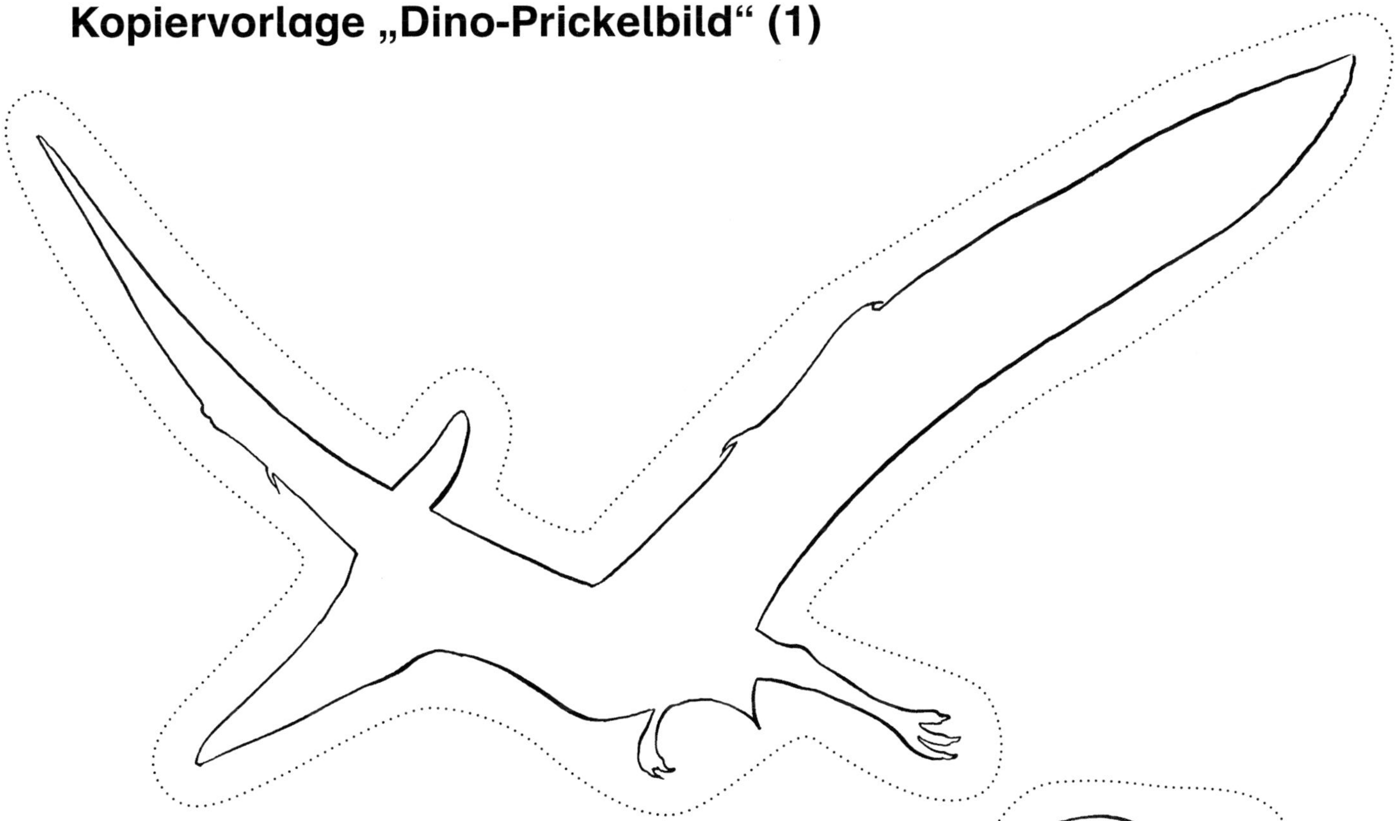

Kopiervorlage „Dino-Prickelbild“ (2)

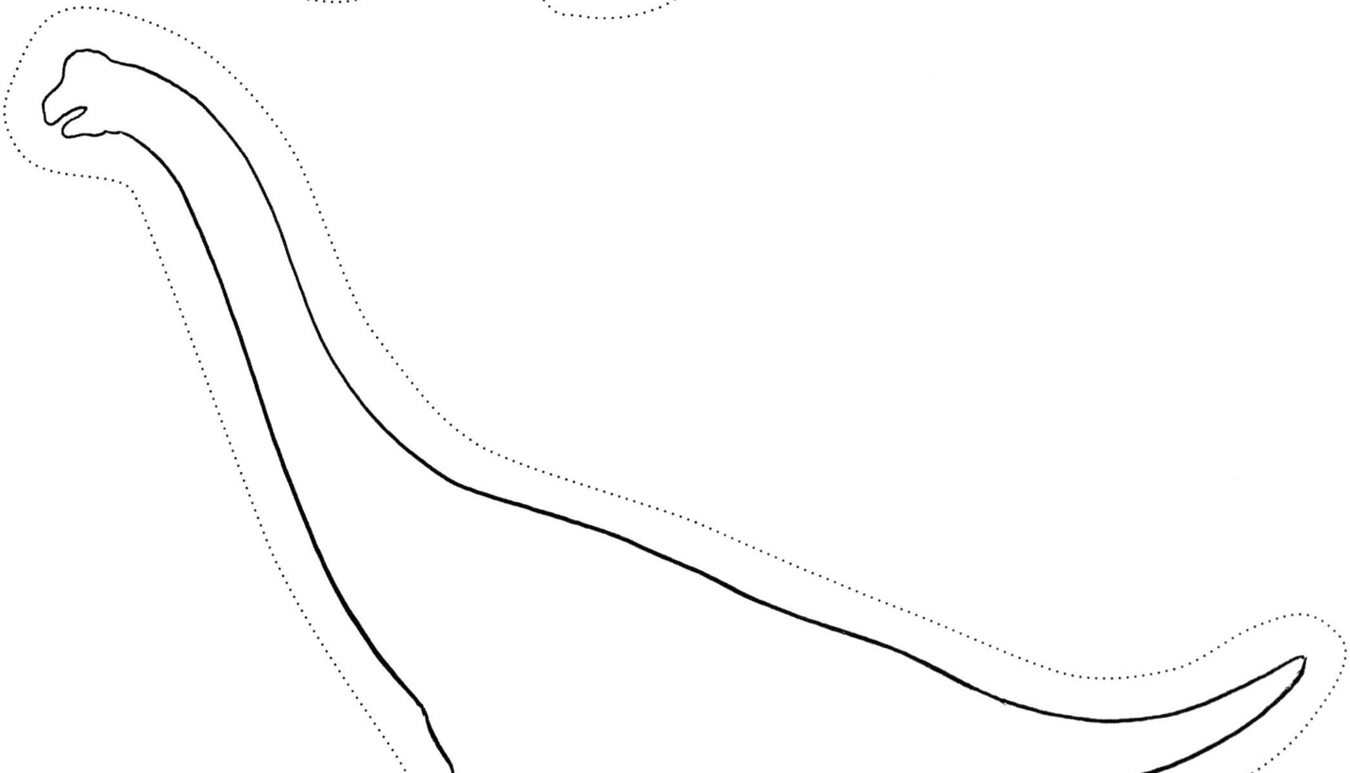

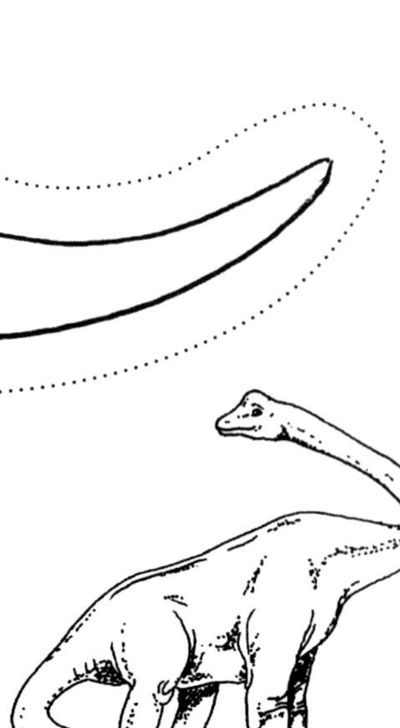

Das große Dino-Forscherbuch (ab 4 Jahren)

Material:
pro Kind 1 Heft (oder eine Kladde) in DIN-A4-Format und wenn möglich ohne Linien (von den Eltern mitbringen lassen), weißes Papier, Buntstifte (alternativ: Wachsmalstifte oder Wasserfarben), Kleber

Arbeitsanleitung:
In dem Forscherbuch werden alle Unterlagen gesammelt, die den Kindern zum Thema Dinos ausgeteilt werden, die Ausmalbilder, die Rätselseiten, die Pflanzenbilder für den Forscherspaziergang etc.

1. Die Kinder setzen sich in einen Stuhlkreis.
2. Jedes Kind erhält sein eigenes Dino-Forscherbuch und ein weißes Blatt Papier.
3. Das weiße Blatt Papier darf nun gestaltet werden – mit Buntstiften, Wachsmalfarben oder mit Wasserfarben, mit dem aufgeklebten Bild des Lieblingsdinos, auf jeden Fall jedoch mit dem Namen des Kindes.
4. Das gestaltete Blatt wird, sobald es fertig ist, auf die Außenseite des Heftes geklebt.
5. In den vorderen Teil des Buches kommen die zehn Dinos, die in diesem Heft vorgestellt werden. Im Laufe des Projektes kommen dann immer mehr Materialien rund um das Thema Dinosaurier zusammen.

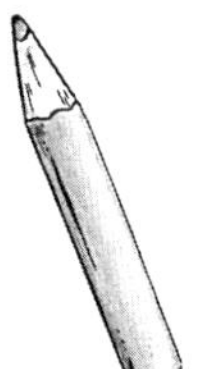
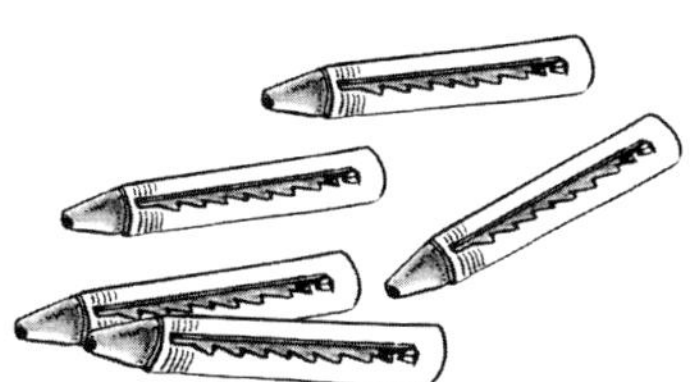

Wir stellen selbst ein Ausgrabungsset her (ab 3 Jahren)

Material:
ggf. Vorlesetext „So arbeitet ein Paläontologe“ (s. S. 36), pro Kind 1 Malkittel, alte Zeitungen (als Unterlage), pro Kind 1 Joghurtbecher, mehrere bunte Muggelsteine, Gipspulver, Wasser, 1 Gefäß (zum Anrühren), Schere oder Messer, Knet-Werkzeug (Spachtel, Kratzer etc.), Pinsel, ggf. Plastikskelett (s. S. 4)

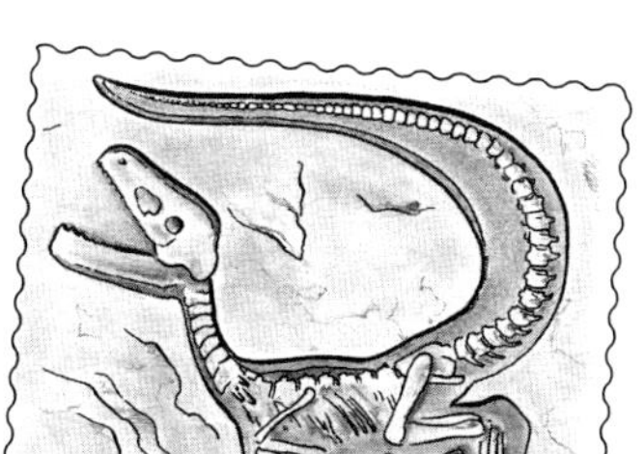

Arbeitsanleitung:
1. Die Erzieherin kann zur Einführung ins Thema den Vorlesetext auf S. 36 vorlesen.
2. Die Kinder ziehen sich die Malkittel an.
3. Jedes Kind erhält einen Joghurtbecher und einen oder mehrere Muggelsteine.
4. Die Erzieherin rührt nach Anleitung den Gips an.
5. Nun füllen die Kinder ein wenig Gips in ihren Joghurtbecher, lassen die Muggelsteine hineinfallen und füllen den Becher anschließend bis an den Rand mit dem flüssigen Gips auf.
6. Die Erzieherin entscheidet gemeinsam mit den Kindern: Sollen die Namen der Kinder auf den Bechern stehen, sodass sie später ihr eigenes Forscherset erkunden können oder wollen die Kinder es dem Zufall überlassen, wessen Muggelsteine sie herauskratzen?
7. Die Joghurtbecher werden alle an einem Ort gesammelt, an dem sie trocknen können.
8. Nach etwa zwei Tagen sind die Gipsformen getrocknet.
9. Die Erzieherinnen helfen den Kindern dabei, die Gipsformen aus den Joghurtbechern zu lösen – dies muss eventuell mit Hilfe einer Schere oder eines Messers geschehen.
10. Nun können die kleinen Forscher an die Arbeit gehen.
11. Mit Hilfe der Spachtel, Kratzer und Pinsel kratzen die Kinder die Muggelsteine frei – genau so, wie die Dinosaurier-Forscher Knochen und Zähne der Dinosaurier freikratzen.

Wem gehören welche Zähne? (ab 4 Jahren)

Verbinde.

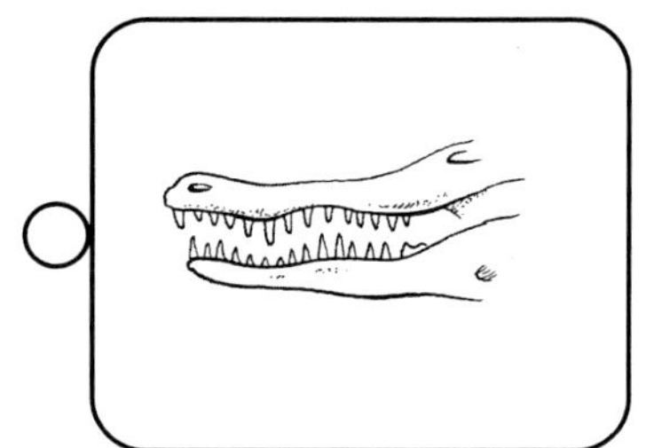

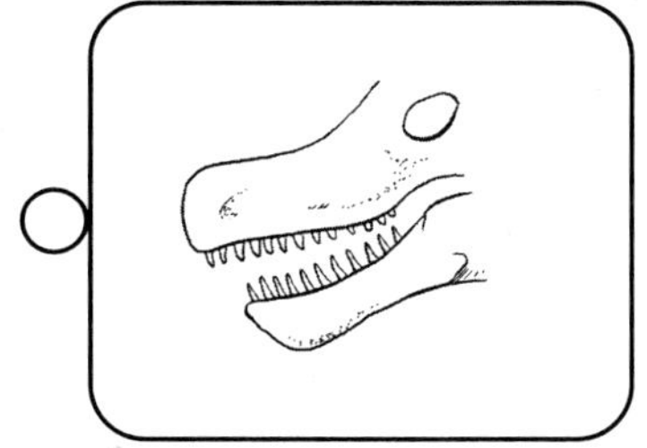

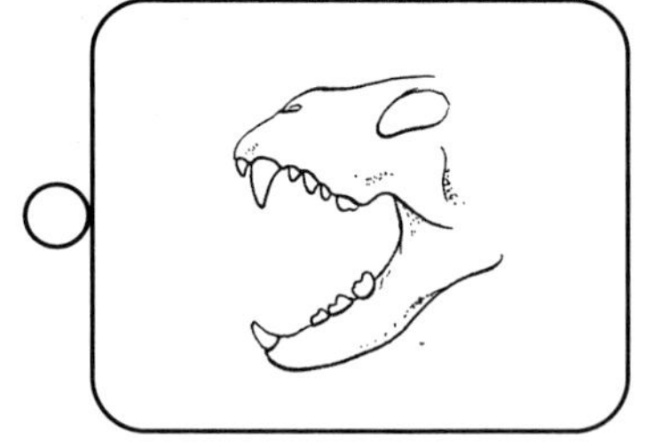

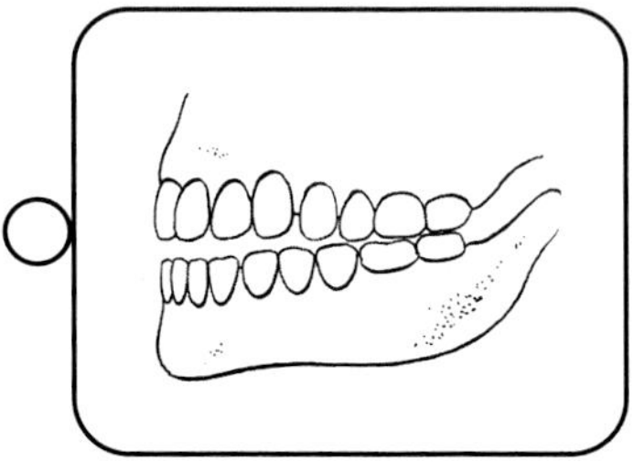

Warum sind die Dinosaurier ausgestorben? (1) (ab 5 Jahren)

Material:
Kopiervorlagen zu den drei Theorien (s. S. 31 – 32, bei Bedarf hochkopieren), Buntstifte

Arbeitsanleitung:
1. Die Kinder setzen sich in einen Stuhlkreis.
2. Die Erzieherin fasst kurz zusammen, dass es durch die Vulkanausbrüche und die Verschiebung der Erdplatten Veränderungen bei der Temperatur und den Lebensbedingungen der Dinosaurier gegeben hat (s. auch „Die Erde damals und heute", S. 33). Die Forscher wissen zwar schon viel, aber noch lange nicht alles über die Dinosaurier. Darüber, warum die Dinosaurier ausgestorben sind, streiten sie sich heute noch.
3. Die Erzieherin bespricht mit den Kindern die einzelnen Theorien (s. u.), indem sie die Texte vorliest und die Fragen der Kinder beantwortet. Sie zeigt zu jeder Theorie eine Zeichnung (Kopiervorlage), die die Kinder anschließend ausmalen dürfen.
4. Dann können die Kinder das Meteoritenbild (s. S. 20) anfertigen oder auch das Würfelspiel durch die Erdzeitalter (s. S. 60) spielen, um ihr Wissen zu vertiefen.

Vorlesetext

Die Dinosaurier lebten sehr lange auf unserem Planeten: insgesamt 160 Millionen Jahre lang. Von Anfang an lebten nie alle Dinos gleichzeitig, sondern es gab immer wieder Arten, die ausstarben, während sich neue Arten entwickelten. Warum nun alle Dinosaurierarten bis zum Ende des Erdmittelalters komplett ausstarben, konnten die Wissenschaftler bislang nicht sicher klären. Es gibt unterschiedliche Theorien, also Annahmen, an denen die Wissenschaftler weiter forschen.

Theorie 1:
Eine davon ist die, dass es vor 65 Millionen Jahren einen Meteoriteneinschlag gegeben haben soll. Sie gilt als die wahrscheinlichste Möglichkeit. Der Meteorit krachte in die Erde, es gab Flutwellen im Meer und es wurde ganz viel Staub in die Luft geschleudert. Dieser Staub hat kein Sonnenlicht mehr auf die Erde gelassen, sodass es monatelang dunkel und kalt war. Außerdem soll es dadurch einen sauren Regen gegeben haben. Die Dunkelheit, Kälte und der saure Regen führten dazu, dass die Pflanzen auf der Erde starben. Nun hatten die Pflanzenfresser nichts mehr zu fressen. Sie starben aus. Als es keine Pflanzenfresser mehr gab, fehlte auch den fleischfressenden Tieren die Nahrung und sie starben ebenfalls aus.

Warum sind die Dinosaurier ausgestorben? (2) (ab 5 Jahren)

Theorie 2:
Die zweite große Theorie zum Aussterben der Dinosaurier nimmt an, dass die Dinosaurier möglicherweise nicht plötzlich, sondern nach und nach ausstarben. Die Kontinente, also die Erdteile, schoben sich auseinander, das Klima veränderte sich und damit auch die Pflanzenwelt. Die Dinosaurier konnten nicht mehr so leicht Nahrung finden, denn es wurde kälter. Innerhalb von 5 Millionen Jahren sollen die Dinosaurier demnach ausgestorben sein.

Theorie 3:
Die dritte Möglichkeit ist die, dass die vielen Vulkanausbrüche und die damit verbundene Luftverschmutzung zu einem Wandel der Temperaturen geführt haben. Die Dinosaurier konnten sich nicht an die veränderten Temperaturen und Lebensbedingungen anpassen und starben aus.

BVK • Mareike Brombacher: Kita aktiv „Projektmappe Dinosaurier“

Die Erde damals und heute (ab 5 Jahren)

Material:

Kopiervorlage „Pangäa“ und „Unsere Kontinente heute“ (evtl. hochkopieren)

Arbeitsanleitung:

1. Die Kinder setzen sich in einen Stuhlkreis.
2. Die Erzieherin legt die Bilder in die Mitte des Kreises oder gibt sie herum, sodass jedes Kind sie sehen kann. (Vor allem das 1. und letzte Bild sind für die Kinder interessant.)
3. Nun bespricht die Erzieherin mit den Kindern die Unterschiede zwischen den Bildern. Sie kann dies frei tun oder aber anhand des Vorlesetextes.

Vorlesetext

Als die Dinosaurier gelebt haben, im sogenannten „Erdmittelalter“, war es auf der ganzen Erde sehr warm. Die Meere waren viel größer als heute. Auch die Kontinente, also die Erdteile, gab es noch nicht. Heute gibt es die Antarktis, Australien, Afrika, Asien, Südamerika, Nordamerika und Europa.
In Europa leben wir. Aber damals waren die Erdteile noch nicht voneinander getrennt, damals hingen sie alle miteinander zusammen. Die Wissenschaftler nennen diesen zusammenhängenden Erdteil den „Urkontinent“ oder auch „Pangäa“.
Die Kontinente sind aus folgendem Grund auseinandergebrochen: Alle Erdteile und alle Meere werden von der Erdkruste getragen. Diese schwimmt auf dem sogenannten Magma im Inneren der Erde. Dieses Magma besteht aus geschmolzenen Steinen und ist sehr heiß und zähflüssig, wie ein unterirdischer Fluss. Die Kraft des Magmas kann zum Beispiel auch Vulkanausbrüche herbeiführen. Damals hat sie dazu geführt, dass die Erdkruste in verschieden große Teile und somit in unsere Kontinente zerbrach.

Kopiervorlage „Pangäa“

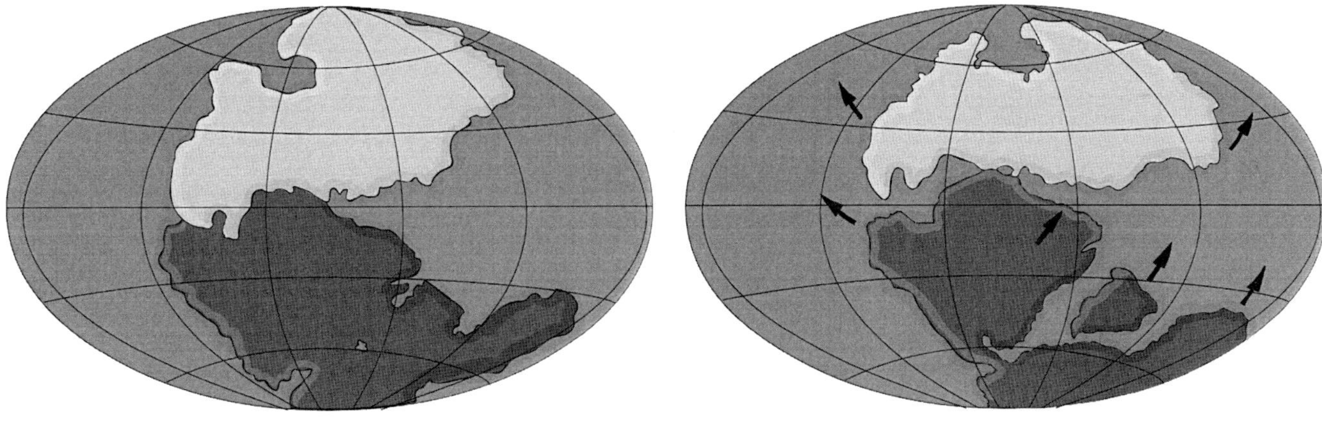

Kopiervorlage „Unsere Kontinente heute“

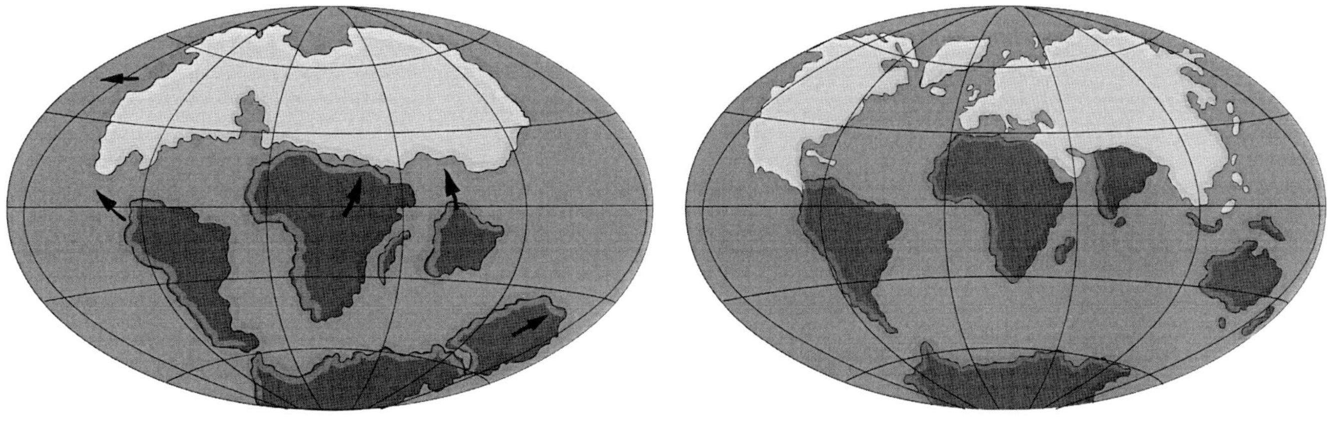

Forscherspaziergang: Pflanzen aus der Zeit der Dinos (ab 5 Jahren)

Material:
Kopiervorlage „Pflanzen“, wenn schon angefangen: das Dino-Forscherbuch (s. S. 29), Stifte

Arbeitsanleitung:
1. Optional könnte die Erzieherin schon einmal einen Test-Spaziergang auf der Suche nach den Pflanzen in der Umgebung machen (ohne die Kinder), um zu sehen, wo die Kinder auf jeden Fall suchen sollten, damit sie Erfolg haben.
2. Die Erzieherin erklärt den Kindern, dass es zur Zeit der Dinosaurier Pflanzen gegeben hat, die es zum Teil auch heute noch bei uns gibt. Sie benennt diese Pflanzen und zeigt die Bilder dazu.
3. Die Erzieherin kopiert für jedes Kind die Pflanzenbilder „Pflanzen“ und die Kinder kleben diese in ihr Forscherbuch. Später können die Bilder angemalt weden.
4. Die Kinder ziehen sich an und gehen gemeinsam mit der Erzieherin auf einen kleinen Entdecker-Spaziergang.
5. Wenn die Kinder die entsprechende Pflanze entdecken, vergleichen sie sie mit dem Bild in ihrem Forscherbuch und machen ein Kreuzchen neben das Bild, um zu zeigen, dass sie fündig geworden sind.

Tipp:
Sollte keine der Pflanzen in der Nähe Ihres Kindergartens zu finden sein, können Sie auch das Suchbild (S. 35) nutzen. Auch hier können die Kinder die Karten zur Hilfe nehmen.

Kopiervorlage „Pflanzen“

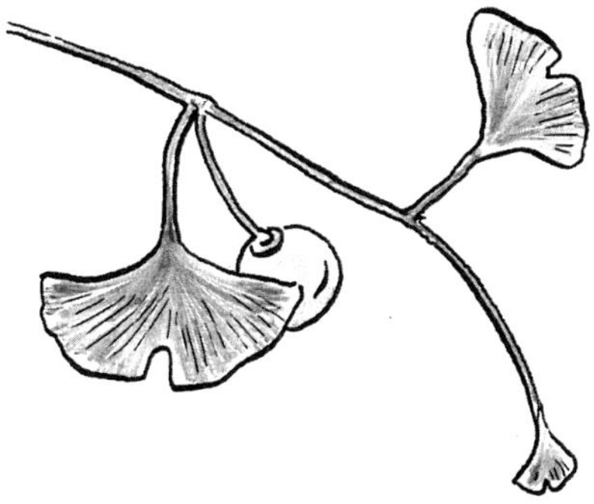

Ginkgo	Palmfarn	Platane
Farn	Kiefer	Magnolie

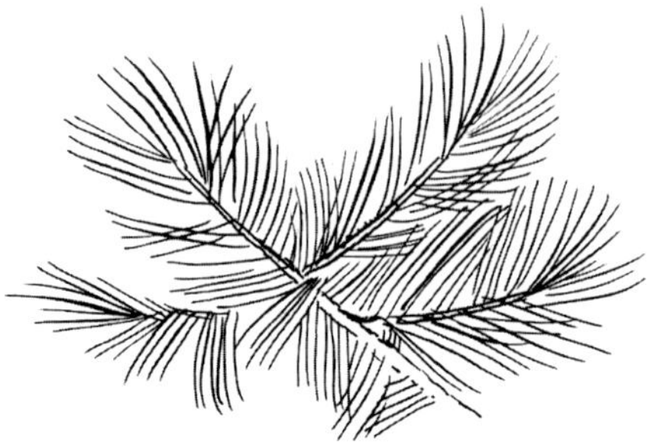

Suchbild: Pflanzen aus der Zeit der Dinos (ab 4 Jahren)

Finde die Pflanzen aus der Dino-Zeit.

Kreise sie ein.

So arbeitet ein Paläontologe (ab 4 Jahren)

Vorlesetext

Immer wieder werden auf unserer Erde zufällig versteinerte Dinosaurierknochen, Abdrücke von Fußspuren oder auch von Zähnen entdeckt. Sie werden Fossilien genannt. Doch wie entstehen Fossilien? Wenn ein Dinosaurier gestorben ist, konnten seine Knochen nur dann bis heute erhalten bleiben, wenn sie damals schon mit ganz viel Schlamm und Sand bedeckt wurden. Als Nächstes füllten bestimmte Stoffe, sogenannte Mineralien, die kleinen Hohlräume im Inneren der Knochen aus – so wurden die Knochen sehr hart. Das Skelett konnte so erhalten bleiben, obwohl im Laufe von Millionen von Jahren viele Gesteinsschichten darüber entstanden. Häufig sorgten Stürme und Regen dafür, dass diese Schichten irgendwann einmal so weit abgetragen wurden, dass die Fossilien zufällig entdeckt werden konnten.

In Steinbrüchen oder auch in Baustellen beim Straßenbau werden manchmal Überreste von Dinosauriern entdeckt. Wird ein wichtiges Fossil gefunden, stoppt man in der Regel die Bauarbeiten und sieht sich den Fundort noch genauer an. Die Forscher, die dann die Knochen weiter ausgraben, nennt man Paläontologen. Sie gehen sehr sorgfältig vor, denn sie wollen während der Ausgrabung kein Fundstück kaputt machen oder zerbrechen. Deshalb haben sie auch sehr feine Arbeitsmaterialien.
Sie benutzen Schaufel und Pickel, um die gröberen Arbeiten zu verrichten, später arbeiten sie dann mit Hammer und Meißel. Die Feinarbeit wird mit Pinseln, Bürsten und kleinen Nadeln vorgenommen. Dann werden die Fundstücke ganz besonders gut verpackt, damit sie beim Transport ins Labor nicht zerbrechen.
Im nächsten Schritt lackieren die Paläontologen die Knochen mit einem speziellen Lack. So verhindern sie, dass die Knochen später zerfallen. Sind alle Knochen vorbehandelt, können die Forscher damit beginnen, sie zusammenzusetzen. Dies ist oft nicht so einfach, besonders dann, wenn der entdeckte Dinosaurier zu einer Art gehört, die bislang noch nie gefunden wurde.

Später kann man die Dinosaurierfunde im Museum besichtigen. Dann sind sie auch mit Informationen über den Fundort, das Alter und das Aussehen des Dinosauriers versehen, soweit diese Dinge schon bekannt sind.

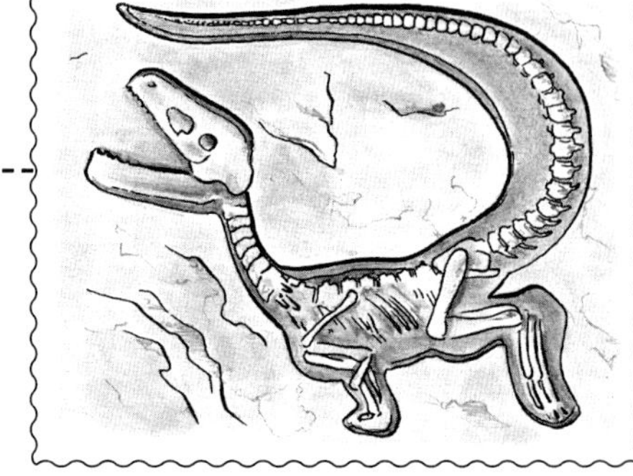

Tipp:
Stellen Sie im Anschluss an diesen Vorlesetext mit den Kindern das Ausgrabungsset auf S. 29 her.

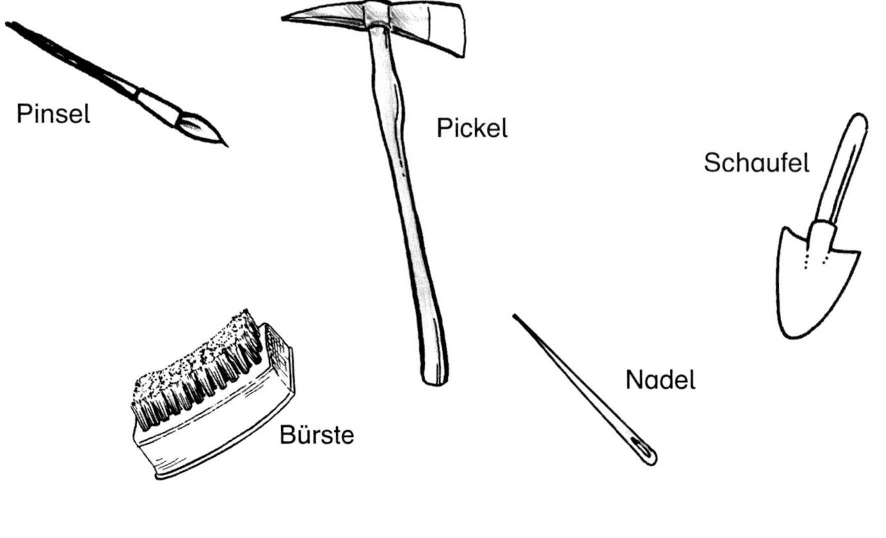

Hammer

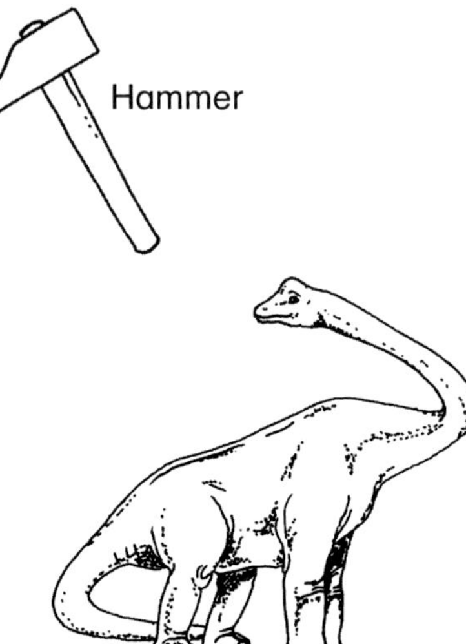

Was hat sich hier eingeschlichen? (ab 4 Jahren)

Was gehört nicht ins Land der Dinos?

Kreise ein.

Vulkanausbrüche (1) (ab 4 Jahren)

Material:
Sprudelflasche, Vorlesetext, Handtücher, Kopiervorlage „Vulkanausbruch“

Vorlesetext

Tief im Inneren der Erde ist es sehr heiß. Die Temperatur beträgt zwischen 1500 und 3000 Grad Celsius. Bei dieser Hitze schmilzt das Gestein und wird flüssig. Es verwandelt sich in das orangefarbene, glühende Magma.

Auf der Erdoberfläche gibt es an einigen Stellen Risse in der Erdkruste. Durch diese Risse kann sich das Magma an die Erdoberfläche drängen. Dann entsteht ein Vulkan. Sobald Magma an die Oberfläche gelangt, heißt es nicht mehr Magma, sondern Lava.

(Die Erzieherin erläutert kurz die Kopiervorlage „Vulkanausbruch“ und zeigt den Kindern die wichtigsten Bestandteile.)

Die Lava spritzt mit einem riesigen Druck durch einen Kanal aus dem Vulkan heraus, ähnlich wie das Wasser einer Sprudelflasche, wenn man sie schüttelt.

(Die Erzieherin schüttelt die Sprudelflasche und öffnet sie, damit die Kinder sehen, wie das Wasser herausspritzt.)

Forscher versuchen, Vulkanausbrüche vorherzusagen. Dazu messen sie regelmäßig die Temperatur des Gesteins in der Erde. Außerdem beobachten sie genau, ob sich die Erdoberfläche verändert, denn auch das ist ein Hinweis darauf, ob sich von unten Magma nach oben presst. Je mehr Informationen die Forscher haben, desto besser können sie einen Vulkanausbruch vorhersagen. Dennoch werden die Menschen immer wieder vom Ausbruch eines Vulkans überrascht.

Kopiervorlage „Vulkanausbruch“

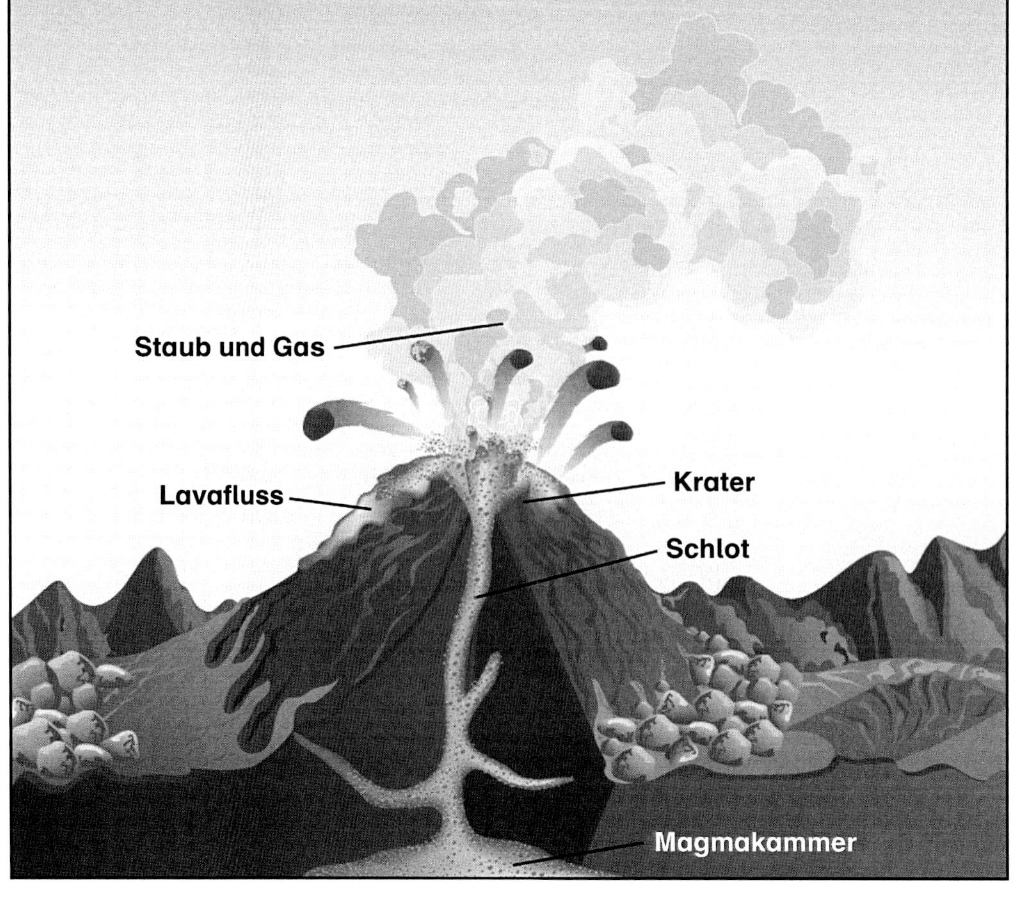

Bitte entsprechend hochkopieren.

Vulkanausbrüche (2) (ab 4 Jahren)

Material:
Matten, Turnbänke, Kisten oder große Polster, 1 Weichbodenmatte, Decken, Vorlesetext (s. u.)

Vorbereitung:
In einem möglichst großen Raum oder Flur wird ein Parcours aus Matten, Turnbänken und Kisten oder großen Polstern aufgebaut. Am Ende des Parcours, am besten vor einer Wand, wird eine Weichbodenmatte platziert. Zur Veranschaulichung kann die Erzieherin aus Decken einen „Berg" anhäufen, der den Vulkan darstellen soll.

Arbeitsanleitung:
Die Kinder stellen sich auf einer Seite des Raumes auf (die Seite, die der dicken Matte gegenüberliegt).

Die Erzieherin erzählt:
Es war einmal ein großer Berg, der hieß Kilian. Immer wieder grummelte es im Inneren dieses Berges. Das Grummeln wurde lauter und lauter, und die Menschen, die in der Nähe des Berges wohnten, bekamen große Angst.

Eines Tages kam ein Vulkanforscher. Er rief den Menschen zu, dass sie sich sofort in Sicherheit bringen sollten, denn bald würde der Vulkan ausbrechen.
Das wäre sehr gefährlich für die Menschen, denn dann würden heiße Lava, Glut und Asche aus dem Berg herausspritzen.

Die Menschen packten ihre wichtigsten Sachen ein und rannten so schnell wie sie konnten davon.
Sie brachten sich in Sicherheit.

Ich zähle jetzt bis zehn, dann bricht der Vulkan aus. Ihr solltet euch alle in Sicherheit bringen – und zwar auf der dicken Matte dahinten, das ist unser „Haus". Allerdings müsst ihr auf dem Weg einige Hindernisse überwinden.
Ich drücke euch allen die Daumen, dass ihr es schafft, rechtzeitig ins Haus zu gelangen, bevor Kilian, der gefährliche Vulkan, ausbricht.

Die Erzieherin beginnt, bis zehn zu zählen. Die Kinder rennen los und überwinden alle Hindernisse.
Sie bringen sich auf der dicken Matte in Sicherheit.

Hinweis:
Die Erzieherin passt ihr Zähltempo der Geschwindigkeit und Geschicklichkeit der Kinder an. Dabei kann sie selbst entscheiden, ob es alle Kinder schaffen oder ob es am Ende Gewinner und Verlierer geben soll.

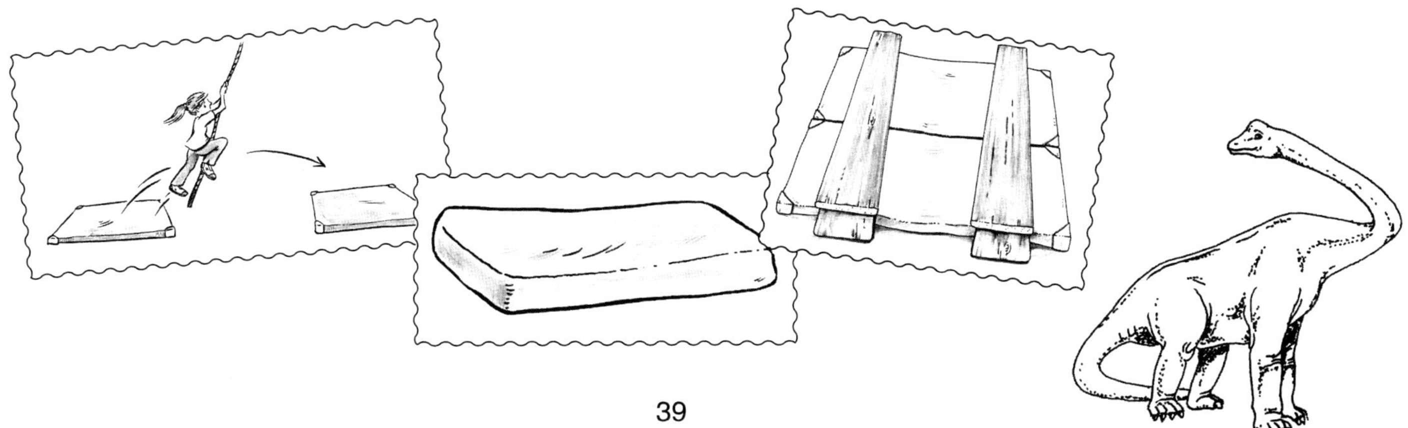

Wer ist wer? (ab 3 Jahren)

Verbinde Saurier und passendes Skelett.

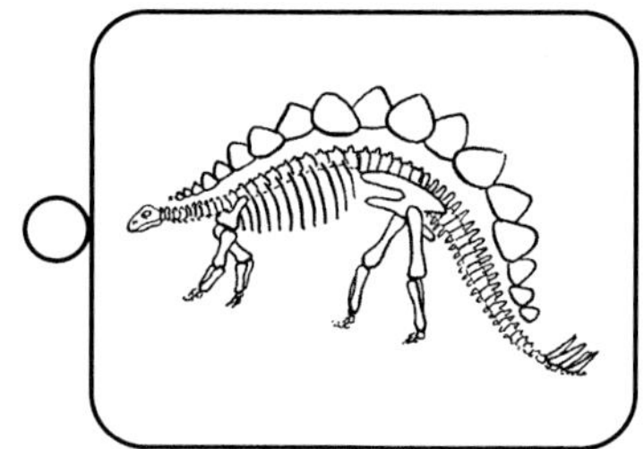

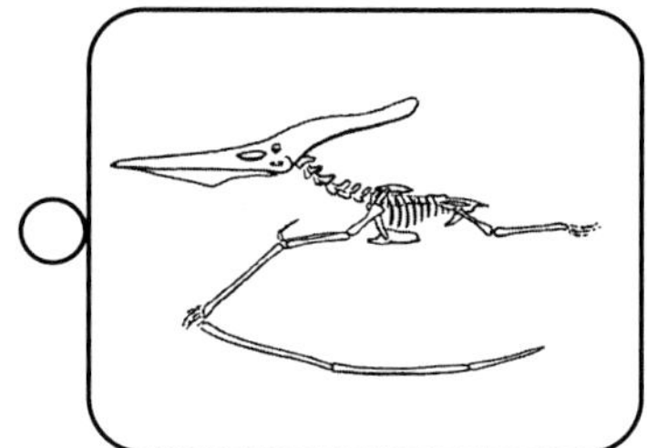

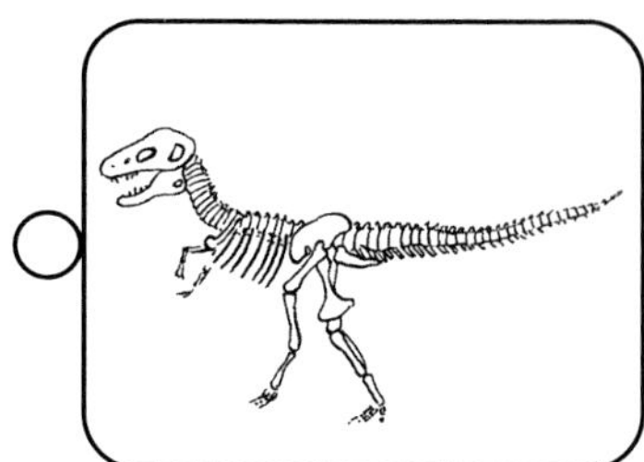

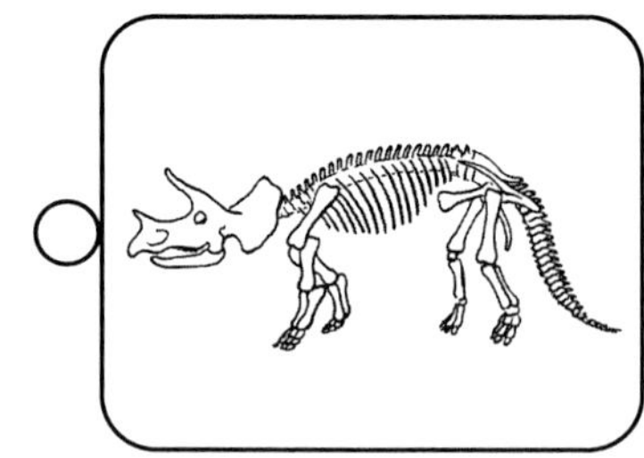

Ein Dinosaurier schlüpft aus dem Ei (ab 4 Jahren)

Material:
Karten aus der Kopiervorlage „Dino-Ei“, 1 Schere, Klebstoff, Tonkarton, Buntstifte, evtl. Laminiergerät und -folie, 1 Locher, 1 Schnur

Arbeitsanleitung:
1. Die Erzieherin kopiert die Vorlage für die Karten zum Ausschlüpfen des Dinosauriers, klebt sie auf Tonkarton und schneidet sie aus.
2. Die Karten werden von den Kindern ausgemalt. Das Ei hat eine gelbliche Färbung.
3. Die Kinder setzen sich in einen Stuhlkreis und die gemischten Karten werden verteilt.
4. Die Erzieherin liest den Vorlesetext „Ein Dinosaurier schlüpft aus dem Ei“ vor. Dann fragt sie in die Runde, wer wohl die Karte besitzt, mit der alles losgeht.
5. Gemeinsam bringen die Kinder die Karten in die richtige Reihenfolge.
6. Zum Schluss werden die Karten an den Enden gelocht und mit einem Band zu einer Kette aneinandergebunden. Diese Kette kann im Gruppenraum an die Wand gehängt werden.

Tipp:
Die Kinder können die Kopiervorlage auch als kleine Ausgabe erhalten und dann in der richtigen Reihenfolge in ihr Forscherbuch kleben.

Vorlesetext

Ein Dinosaurier schlüpft aus dem Ei
Die Dinosaurier gehören zu den Reptilien, wie Eidechsen, Schlangen und Krokodile zum Beispiel auch. Reptilien legen Eier. Die Dinosaurier brüteten diese Eier allerdings nicht aus. Sie lebten in einem sehr warmen Klima – und vielleicht hätten sie ihre Eier auch zerdrückt, wenn sie sich auf sie draufgesetzt hätten. Die Dino-Mütter legten ihre Eier in den Sand und ließen sie von der Sonne ausbrüten. Die Wissenschaftler wissen bis heute nicht, wie manche der großen Saurier ihre Eier legten, ohne dass sie kaputt gegangen sind. Die Eierschalen der Dino-Eier waren nämlich sehr dünn, damit die Saurierjungen leicht schlüpfen konnten.

Kopiervorlage „Dino-Ei“

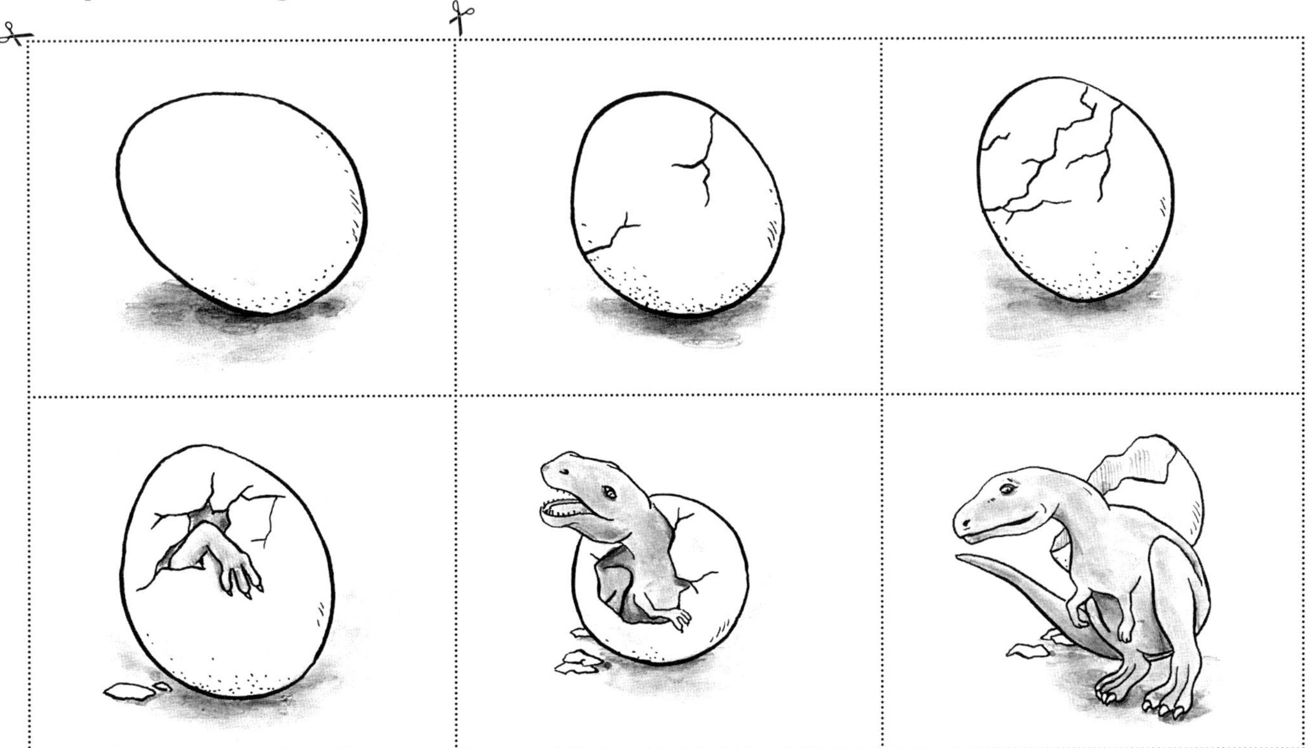

Bei Bedarf hochkopieren.

Vulkanplätzchen backen (ab 3 Jahren)

Zutaten (für ca. 70 Vulkane):
200 g Schokolade, 200 g weiche Butter oder Margarine, 150 g Zucker, 3 Eier, 250 g gemahlene Mandeln, 60 g Mehl, 1 1/2 Esslöffel Kakaopulver, 200 g Puderzucker, Wasser

Arbeitsmittel:
Schürzen, 1 Reibe, 1 Küchenwaage, Schüsseln, 1 Handrührgerät, Backpapier, 1 Backblech, 1 Löffel, 1 Backofen, 1 Messer

Arbeitsanleitung:

1. Die Kinder ziehen ihre Schürzen an. Zunächst wird die Schokolade mit Hilfe der Reibe fein gerieben.
2. Die Kinder wiegen Zucker, Mandeln, Mehl und zum Schluss die Butter ab und mischen alle Zutaten zusammen in einer große Schüssel. Der Kakao, die geriebene Schokolade und die Eier werden ebenfalls hinzugefügt.
3. Mit einem Handrührgerät mixt die Erzieherin (vielleicht gemeinsam mit einem etwas größeren Kind) alles zusammen.
4. Nun muss der Teig eine Stunde lang ruhen – und zwar an einem kühlen Ort.
5. Ist die Stunde um, kann der Backofen angeschaltet werden, um vorzuheizen (bei 190 °C).
6. Das Backblech mit Backpapier auslegen.
7. Die Erzieherin formt aus dem Teig eine Rolle und schneidet kleine Scheiben davon ab.
8. Die Kinder dürfen nun aus den Scheiben ihren Vulkan formen (eine Kugel rollen, die Kugel auf das Backblech setzen, ein Loch hineindrücken).
9. Die Vulkane nun auf der mittleren Schiene in den Backofen schieben und bei 190 °C etwa zehn bis 15 Minuten lang backen.
10. Anschließend wird das Blech aus dem Ofen geholt und die Vulkane kühlen fünf Minuten lang ab.
11. Während die Vulkane im Ofen sind, bereitet die Erzieherin die „Zucker-Lava“ vor: Dazu verrührt sie Wasser mit Puderzucker.
12. Jedes Kind darf dann zum Abschluss einen Teelöffel voll Zuckerguss in seinen Vulkan füllen. (Der Zuckerguss darf gerne ein bisschen überlaufen, dann sieht es noch mehr aus wie Lava.)

Guten Appetit!

Bilder-Kopiervorlage von Zutaten und Haushaltsgegenständen

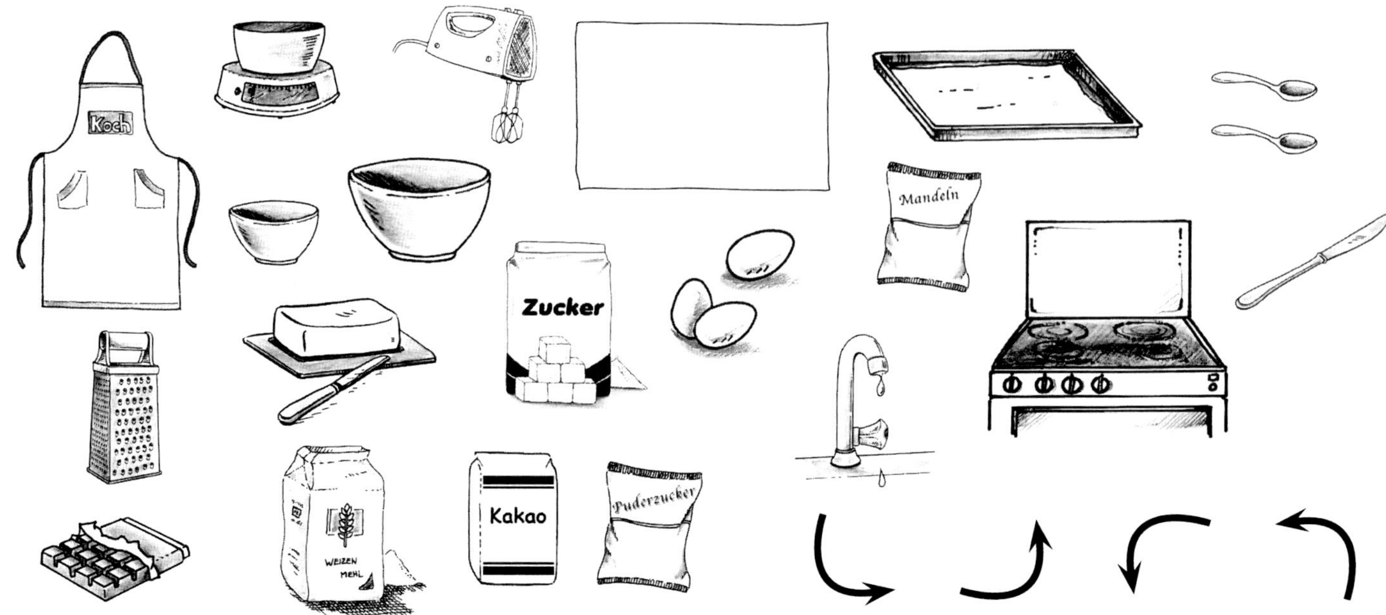

BVK • Mareike Brombacher: Kita aktiv „Projektmappe Dinosaurier“

Eiszeit-Orangen (ab 3 Jahren)

Nach den Dinos kam die Eiszeit ... und damit dieses leckere kleine Orangenrezept:

Zutaten:
pro Kind eine Orange, mehrere Packungen Vanilleeis (eine 500 ml Packung reicht für etwa 4 Kinder), Orangensaft

Arbeitsmittel:
pro Kind 1 Schürze, 1 Schneidebrett, 1 Messer, 1 Löffel

Arbeitsanleitung:
1. Die Kinder ziehen sich ihre Schürzen an und setzen sich an einen Tisch.
2. Jedes Kind erhält ein Schneidebrett und eine Orange.
3. Mit Hilfe der Erzieherin (je nach Alter) schneidet das Kind nun den Deckel von der Orange ab.
4. Mit einem Löffel höhlt das Kind die Orange aus. Dabei kann gerne das Orangenfleisch aufgegessen werden.
5. Nun füllt das Kind Vanilleeis in seine Orange ein. Dabei wird die Orange aber nicht ganz gefüllt.
6. Das Kind fügt einen Schluck Orangensaft hinzu und verrührt das Eis mit einem Löffel.
7. Jetzt kommt der Orangendeckel oben drauf.
8. Alle Eiszeit-Orangen kommen für 45 Minuten in die Gefriertruhe.

Guten Appetit!

Bilder-Kopiervorlage von Zutaten und Haushaltsgegenständen

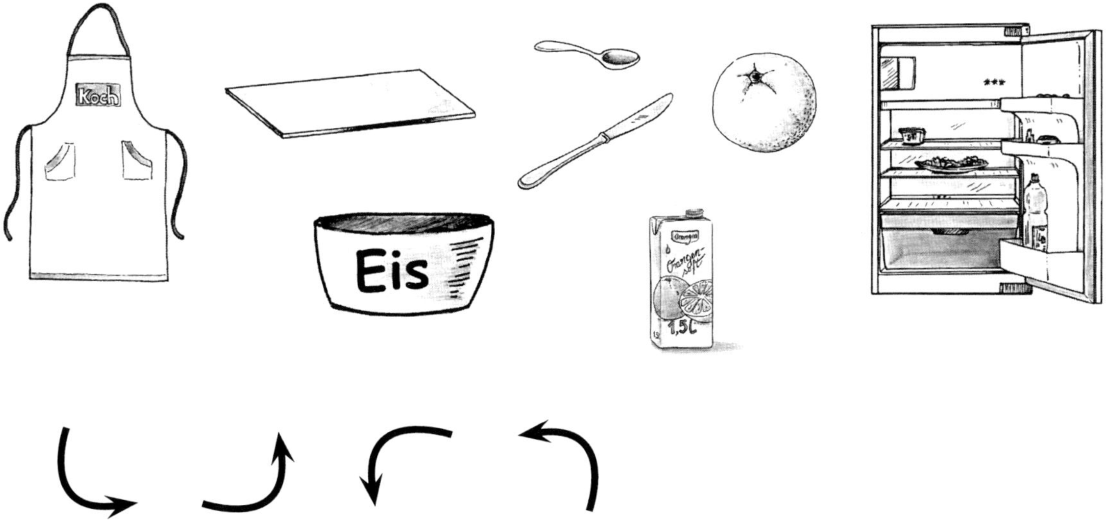

Bastelangebot: Tischset (ab 2 Jahren)

Guten Appetit!

Zähle die Dinos! (1) (ab 3 Jahren)

Verbinde Saurier und Zahl.

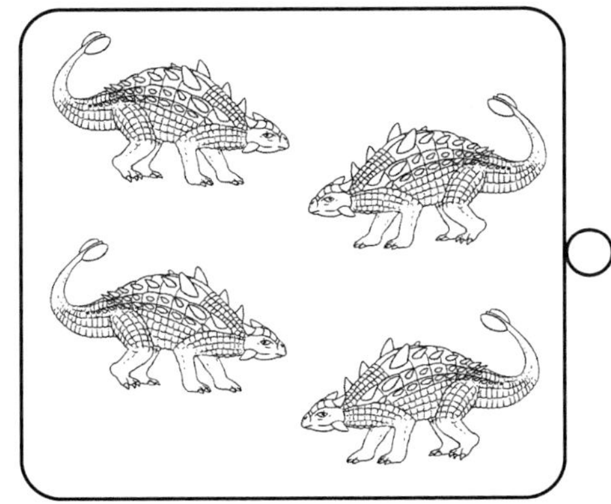

Zähle die Dinos! (2) (ab 3 Jahren)

Verbinde Saurier und Zahl.

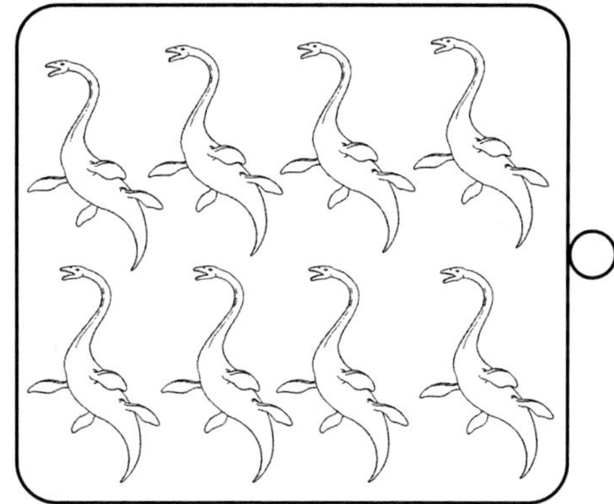

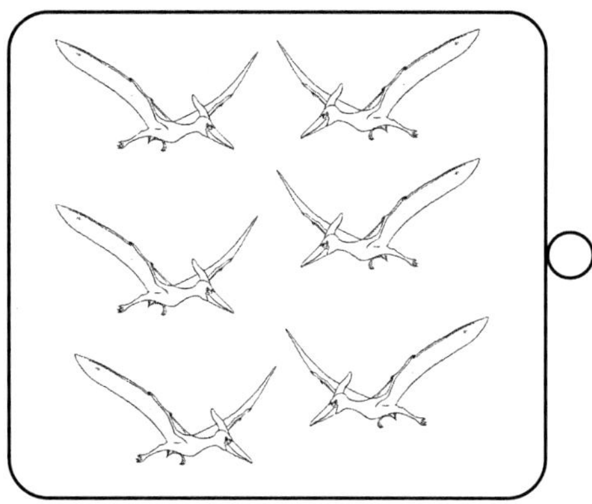

Wie viele Elasmosaurier siehst du? (ab 3 Jahren)

Zähle und male an.

Ich sehe ____________ Elasmosaurier.

Fußabdruck-Sudoku (ab 5 Jahren)

Arbeitsanleitung:
Vier lustige Fantasie-Dinos sind durch den Matsch gerannt und haben ihre Fußabdrücke in den Quadraten hinterlassen.
In jeder Zeile, in jeder Spalte und in jedem Vierer-Quadrat darf nur jeweils einer der Abdrücke zu sehen sein.

Löse das Sudoku.

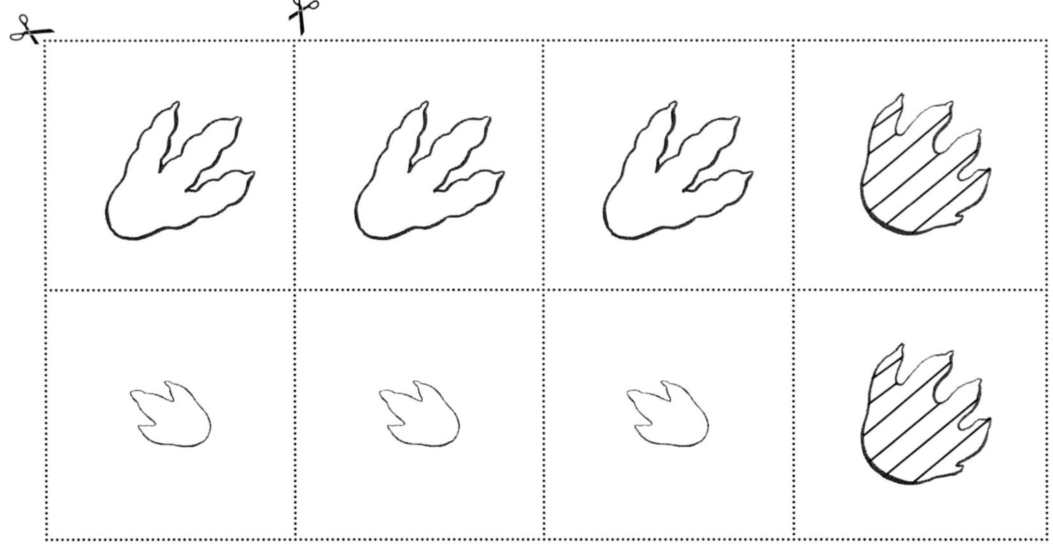

BVK • Mareike Brombacher: Kita aktiv „Projektmappe Dinosaurier“

Wie viele Ginkgo-Früchte hängen am Baum? (ab 4 Jahren)

Schaue dir die Zahl an.

Male genauso viele Früchte an den Ast.

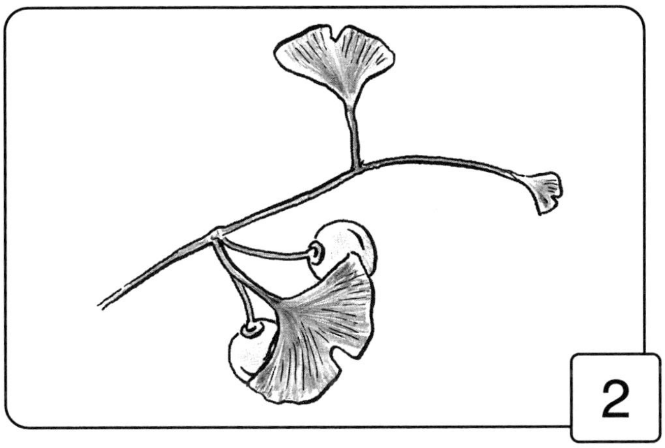

2

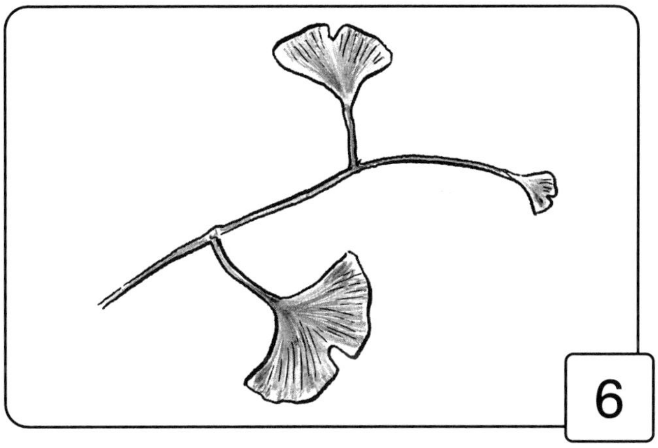

6

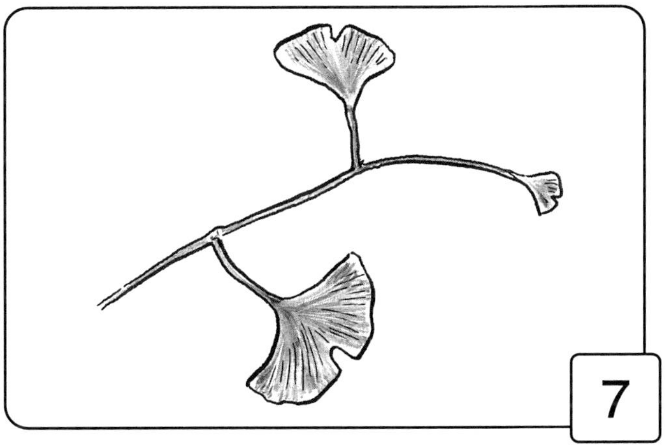

7

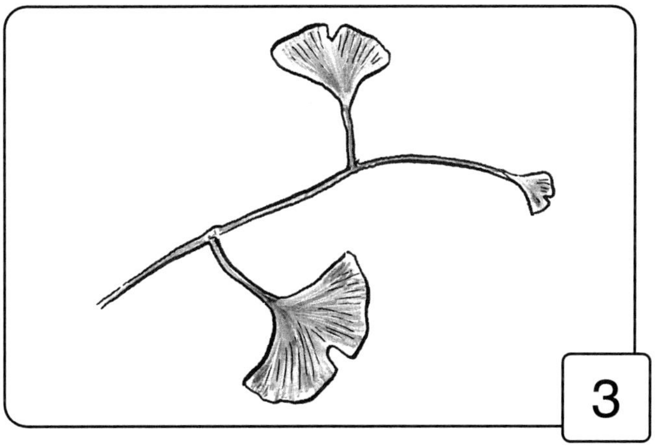

3

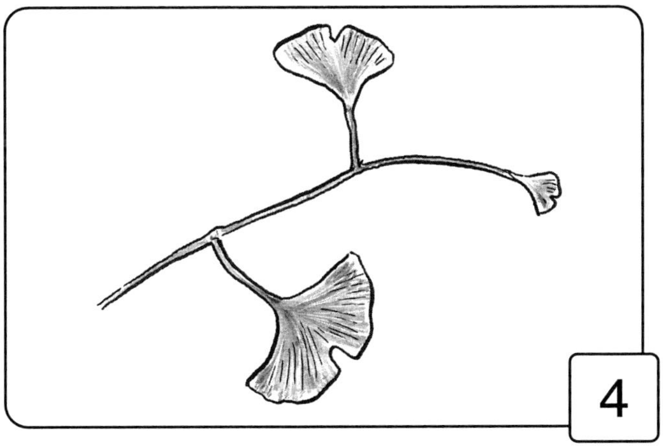

4

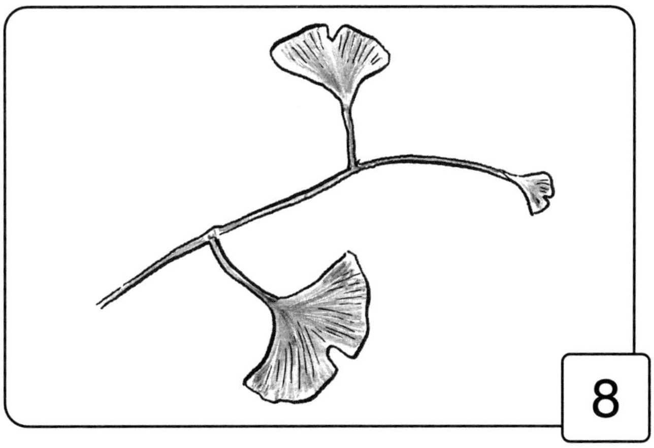

8

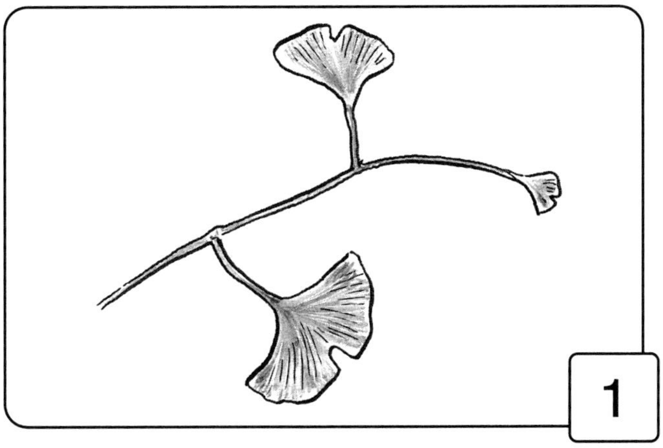

1

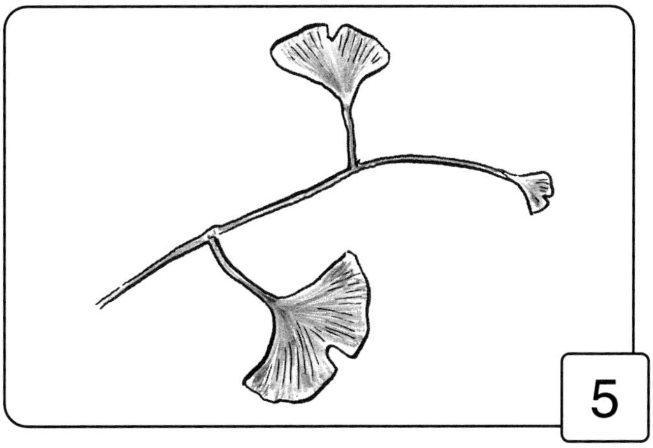

5

Dino-Girlande für das Dino-Fest (ab 3 Jahren)

Material:
Schere, Buntpapier (DIN A4), Schnittvorlage hochkopiert, Büroklammern, Klebstoff, Bleistift

Arbeitsanleitung:
1. 12 Bögen Buntpapier werden an den schmalen Seiten aneinandergeklebt, sodass eine Gesamtlänge von etwa 1,50 m entsteht.
2. Dann werden sie nach dem Prinzip einer Ziehharmonika immer wieder komplett umgefaltet (also jeweils eine ganze Seite).
3. So entsteht ein gefalteter Stapel von Blättern, der zum Schluss ebenfalls eine Größe von DIN A4 haben sollte. Die Erzieherin steckt die Enden mit einigen Büroklammern zusammen, sodass die Blätter nicht verrutschen können.
4. Nun wird die Schnittvorlage auf das DIN-A4-Blatt oben auf dem Stapel übertragen.
   Wichtig ist, dass die Ränder rechts und links dabei eindeutig verbunden werden. Hier also keine Trennungslinie ziehen, sonst ist die Verlockung beim Ausschneiden zu groß, dort weiterzuschneiden.
5. Die Form ausschneiden, die Büroklammern entfernen, den Stapel aufklappen – und fertig ist die Dino-Girlande für das große Dino-Fest (oder auch einfach für die Deko der Kindergarten-Aktionswoche „Dinosaurier“).

Schnittvorlage „Dino-Girlande“

Das große Dino-Abschlussfest mit Ausstellung (ab 3 Jahren)

Material:
alles, was bislang zum Thema Dinosaurier gebastelt und ausgemalt wurde, Vulkanplätzchen, Dino-Girlande, von zu Hause mitgebrachte Dinos, stabile Schnur, 2 Nägel, Wäscheklammern

Arbeitsanleitung:
1. Die Eltern erhalten die Einladung zum großen Dino-Fest.
2. Die Kinder und Erzieherinnen dekorieren mit der Dino-Girlande und allen Basteleien der Woche den Gruppenraum.
3. Die Tische werden an den Außenrand des Raumes geschoben. Auf ihnen werden die „Ausstellungsstücke" präsentiert und das Essen bereitgestellt. Die Stühle für die Eltern sollten nicht zu nah an den Tischen aufgestellt werden.
4. Auf einem der Tische steht die Pappmaschee-Landschaft. Darauf können die Kinder ihre mitgebrachten Dinos platzieren.
5. Auf einem der Tische sind Bücher zum Thema ausgelegt.
6. Oberhalb der Tische spannt die Erzieherin eine Schnur zwischen zwei Nägeln. An dieser Schnur hängt sie die Kunstwerke der Kinder aus dem Projekt mit Wäscheklammern auf.
7. Die Erzieherin kopiert die zehn Steckbriefe der in diesem Heft vorgestellten Saurier und legt diese Steckbriefe zusammen mit den ausgemalten Bildern der entsprechenden Saurier zur Ansicht bereit.
8. Die Kinder können ihre Dino-Masken tragen, wenn sie möchten.

Tipp:
Essen und trinken sollte bei dieser Veranstaltung nicht im Mittelpunkt stehen. Wichtiger ist es, dass die Kinder zeigen, was sie alles in ihrem Dino-Projekt gemalt, gebastelt und gelernt haben. Deshalb sollte schon beim Aufbau darauf geachtet werden, das Interesse der Eltern möglichst auf die Ausstellungsstücke zu lenken.

Kopiervorlage „Brief an die Eltern“

Material:
Kopiervorlage „Einladung“, Scheren, Buntstifte

Arbeitsanleitung:
Die Erzieherinnen kopieren den Brief, die Kinder schneiden ihn aus und malen die Einladung an (am besten mit Buntstiften, damit die Schrift lesbar bleibt). Dann wird sie den Kindern mit nach Hause gegeben.

An die Gruppenraumtür wird eine Tabelle gehängt, in die sich die Eltern eintragen sollen:

Name Kind	Ich bringe mit
Lukas Schneider	eine Packung Kekse

Einladung

Liebe Eltern,

am ______________________

um _______________ Uhr

feiern wir in der Kindertagesstätte Ihres Kindes ein großes Dino-Fest.

In einer spannenden Ausstellung möchten die Kinder Ihnen zeigen, was sie alles über die Dinosaurier erfahren und erarbeitet haben. Dazu sind Sie herzlich eingeladen!

Dino-starke Grüße aus Ihrem Kita-Team!

Bitte geben Sie den unteren Abschnitt ausgefüllt bis zum ______________________ wieder im Kindergarten ab.

Name des Kindes: ______________________

☐ Wir nehmen mit _______ Personen am Dino-Fest teil.

☐ Wir können leider nicht kommen.

Traumreise ins Land der Dinos (ab 3 Jahren)

Material:
Decken oder Matten, Meditationsmusik, CD-Player

Arbeitsanleitung:
1. Die Erzieherin wählt einen möglichst großen Raum aus. Es sollte so viel Platz zur Verfügung stehen, dass die Kinder sich im Liegen nicht gegenseitig in die Quere kommen.
2. In diesem Raum werden Matten oder Decken verteilt, damit jedes Kind eine Unterlage hat und sich auf dem Rücken darauflegen kann.
3. Die Erzieherin liest die Traumreise vor – in einem ruhigen, langsamen Sprechtempo und mit Pausen zwischen den Sätzen (•). So können vor dem inneren Auge der Kinder die Bilder zur Geschichte entstehen.

Vorlesetext

Du schließt jetzt deine Augen. • Unter dir spürst du deine Matte / Decke, du spürst den Boden. • Du atmest langsam ein und aus. • Dein Körper fühlt sich viel schwerer an als sonst. • Du bist ganz entspannt, sodass du gut einer Geschichte zuhören kannst. • Dabei bleibst du einfach liegen, deine Augen bleiben geschlossen und du hörst zu.

Es ist früher Abend, draußen ist es noch hell, aber schon bald wird die Sonne untergehen. • Du gehst auf einer großen Wiese spazieren. • Vor dir lässt sich ein Schmetterling im leichten Wind hin und her treiben. • Der Schmetterling ist wunderschön: Auf seinen Flügeln leuchten große dunkelblaue und rote Punkte und viele kleine gelbe Sprenkel. • Er glitzert im Sonnenlicht. • Ohne es zu merken, folgst du dem Schmetterling. • Er fliegt und fliegt immer weiter, bis er sich schließlich auf eine Blume setzt. • Die Blume duftet herrlich süß nach Frühling. • Du nimmst ebenfalls Platz, neben der Blume auf dem Boden. • Auf einmal spürst du, dass du sehr müde bist. • Du bist so müde, du würdest am liebsten schlafen. • Aber du wolltest ja so gerne noch den schönen Schmetterling beobachten. •
Du legst dich auf den Rücken ins Gras. • Dabei betrachtest du den Schmetterling weiter. • Er öffnet und schließt leise seine zarten Flügel. • Dann bleibt er reglos auf der Blume sitzen. • Vielleicht ist er eingeschlafen? • Während du so am Boden liegst, spürst du plötzlich ein leises Vibrieren, ein Dröhnen unter deinem Körper. • Der Boden scheint zu wackeln, das Dröhnen verwandelt sich in ein Grollen und das Grollen schließlich in ein festes, rhythmisches Stampfen. • In einiger Entfernung trampelt eine Gruppe Brachiosaurier zum Flussufer. • Die riesigen Pflanzenfresser scheinen Durst zu haben – mit eiligen Schritten rennen sie zum Wasser. • Am Ufer angekommen, senken sie ihre Köpfe und trinken gierig. • Es ist sehr heiß und bestimmt haben die Tiere einen langen Weg hinter sich. • Als sie fertig getrunken haben, heben sie ihre Köpfe wieder. • Sie sehen sich um: Kein Feind ist in Sicht, nur in der Ferne kreist ein Pteranodon am Himmel. • Gemächlich setzen die Brachiosaurier ihren Weg fort. Am Flussufer entlang gehen sie mit ihren gewaltigen Füßen dem Sonnenuntergang entgegen.

Du reibst dir die Augen. • Hast du das alles wirklich gerade gesehen? • War da ein Schmetterling? • Waren da wirklich Brachiosaurier?

Du atmest tief ein und aus. • Du streckst deine Arme und Beine und bewegst deine Finger. • Du öffnest die Augen. • Jetzt bist du wieder ganz wach. •
Die Fantasiegeschichte ist zu Ende.

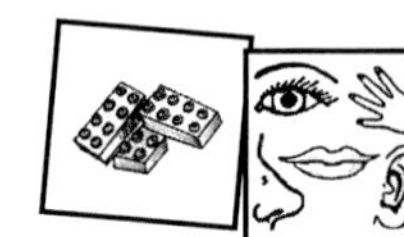

Dino-Mütter und ihre Jungen (ab 2 Jahren)

Welches Junge gehört zu welcher Mutter?

Male die passenden Dinos in derselben Farbe an.

BVK • Mareike Brombacher: Kita aktiv „Projektmappe Dinosaurier“

Wo haben sich die kleinen Velociraptoren versteckt? (ab 3 Jahren)

Findest du alle sieben Velociraptoren?

Male sie an.

Dino in der Höhle (ab 4 Jahren)

Material:
mehrere Stühle und Decken

Vorbereitung:
In einem freigeräumten Gruppenraum (noch besser in der Turnhalle oder auf dem Außengelände) wird ein höhlenähnliches Arrangement aufgebaut (z. B. aus Stühlen und Decken).

Arbeitsanleitung:
1. Die Erzieherin benennt ein Kind, das als Erstes der Dino sein darf. Das Kind kann sich auch eine bestimmte Dino-Art aussuchen.
2. Der Dino versteckt sich in der Höhle.
3. Draußen rufen die anderen Kinder: „Dino, Dino (oder Name der bestimmten Art), bist du schon wach?“
4. Der Dino antwortet: „Nein, ich schlafe noch!“
5. Die Kinder rufen: „Dino, Dino, wann stehst du denn auf?“
6. Der Dino sagt: „Um 8 Uhr.“ (Alle Uhrzeiten sind möglich, allerdings nur volle Stunden.)
7. Die Kinder zählen gemeinsam: „Eins, zwei, drei, vier, fünf, sechs, sieben, acht!“
8. Bei „acht“ (oder der anderen gewählten Uhrzeit) rennt der Dino aus der Höhle und versucht, ein Kind zu fangen.
9. Das Kind, das er fängt, ist anschließend der Dino in der Höhle und die Runde geht von vorne los. Fängt er kein Kind, ist er noch einmal an der Reihe.

Laufen wie die Dinos (ab 3 Jahren)

Material:
1 rote und 1 grüne Pappscheibe oder Frisbee (Durchmesser ca. 20 bis 30 Zentimeter), Kreppklebeband

Arbeitsanleitung:
1. Ein Kind bekommt beide Pappscheiben bzw. Frisbees.
2. Die Erzieherin klebt eine Linie aus Kreppklebeband als Startlinie auf den Boden.
3. Das einzelne Kind steht auf der einen Seite des Raumes, auf der anderen Seite des Raumes stehen die anderen Kinder hinter der Linie aus Kreppklebeband.
4. Das Kind ruft nun „Dinosaurier, ihr sollt herüberschwimmen!“ und hält die grüne Scheibe hoch.
5. Die anderen Kinder machen nun mit den Armen Schwimmbewegungen, dabei gehen sie dem einzelnen Kind entgegen. Hält das Kind die rote Scheibe hoch, bleiben alle sofort stehen. Wer das Signal verpasst und weitergeht, wird zur Linie zurückgeschickt.
6. Nun ruft das Kind nach freier Auswahl weitere Bewegungen (fliegen, stampfen, schleichen, gehen, rennen, kriechen, rückwärts gehen, trippeln). Den kleineren Kindern hilft die Erzieherin bei der Auswahl und dem Hochhalten der Karten.
7. Das Kind, das als Erstes das Kind mit den Scheiben erreicht, hat gewonnen. Es darf als Nächstes die Laufkommandos geben.

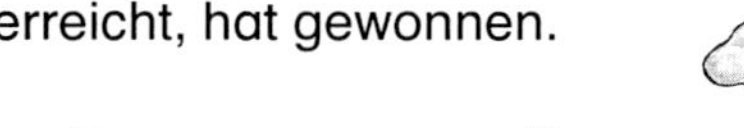

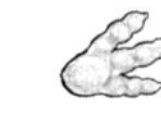

BVK • Mareike Brombacher: Kita aktiv „Projektmappe Dinosaurier“

Tipp:
Wenn die Kinder das Spiel draußen spielen, können sie es mit größeren Entfernungen umsetzen.

Kometenweitwurf (ab 2 Jahren)

Material:
Krepppapier in verschiedenen Farben, Kleber, Scheren, Stoffreste, Sand, Paketschnur, Tacker, 1 Lineal, 1 Turnreifen

Arbeitsanleitung:
1. Die Erzieherin schneidet die Stoffreste in Kreise. Sie häufelt Sand darauf. Noch werden die Säckchen aber nicht geschlossen.
2. Die Kinder schneiden das Krepppapier in Streifen von etwa 2 cm Breite und in eine Länge zwischen 50 cm und 1 m. Die Streifen können auch unterschiedlich lang sein.
3. Alle Krepppapier-Streifen in den verschiedenen Farben werden in die Mitte des Tisches gelegt.
4. Nun nehmen sich die Kinder zwischen vier und sechs Streifen in den Farben ihrer Wahl und tackern sie mit Hilfe der Erzieherin an einem Ende zusammen.
5. Zum Schluss wird das kreisförmige Stück Stoff mit dem Sand geholt. Gemeinsam mit dem jeweiligen Kind schiebt die Erzieherin das getackerte Ende der Krepppapierstreifen hinein und schließt den Stoffsack an einem Ende, indem sie mit der Paketschnur einen festen Knoten bindet. Dabei darf ruhig etwas Stoff überstehen, denn dann hält der Knoten besser.

Spielmöglichkeiten:
- Im Raum liegt ein Turnreifen aus. Wer schafft es, mit seinem Kometen die Erde (Turnreifen) zu treffen?
- Im Raum steht ein Turnreifen. Wer schafft es, seinen Kometen durch den Kreis zu werfen?
- Immer zwei Kinder stehen sich gegenüber und werfen sich ihren Kometen zu. Der andere muss ihn fangen und zurückwerfen.
- Weitwurf für draußen: Wer kann seinen Kometen am weitesten fliegen lassen?

Dino-Mitbringtag im Kindergarten (ab 2 Jahren)

Material:
Dinolandschaft aus Pappmaschee (s. S. 26)

Arbeitsanleitung:
Die Kinder werden aufgefordert, an einem bestimmten Tag, wenn vorhanden, ihre Dinos von zu Hause mitzubringen. Das können Dinosaurier-Plüschtiere sein, Hartgummifiguren oder Holzdinos. Vielleicht haben einige Kinder auch Dino-Kissen oder Dino-Stifte? Alles darf mitgebracht werden.

Anregungen für den Gesprächskreis 1:
1. Die Kinder setzen sich in den Stuhlkreis.
2. Jedes Kind hält seinen mitgebrachten Dino auf dem Schoß.
3. Reihum darf jedes Kind erzählen, von wem es das Tier bekommen hat, wie es heißt und was es ihm bedeutet.
4. Gemeinsam mit der Erzieherin überlegen die Kinder, um welche Dinosaurier-Art es sich möglicherweise handeln könnte.

Anregungen für den Gesprächskreis 2:
1. Die Erzieherin legt die große Sperrholzplatte mit der Dino-Landschaft auf den Boden.
2. Die Kinder dürfen nun ihre Dinos darauf platzieren und reihum erzählen, was sie gerade tun (jagen, fressen, trinken, schwimmen ...).
3. Dann spielen die Kinder weiter im freien Rollenspiel mit ihren Dinos auf der Platte.

Dino-Memo-Spiel (ab 3 Jahren)

Material:
Kopiervorlage „Dino-Memo-Spiel" (s. S. 59) in zwei **Varianten:** für die Kleineren wird immer zweimal das gleiche Dino-Bild zur Verfügung gestellt, für die Größeren zusätzlich der Umriss, der dann im Spiel dem Dino-Bild zugeordnet werden muss, Buntstifte, 1 Schere, evtl. Laminiergerät und -folie

Arbeitsanleitung:
Kopieren Sie die Bildkarten „Dino-Memo-Spiel" zweimal. Dann werden sie angemalt und ausgeschnitten, gegebenenfalls auch laminiert.
Die Karten werden gemischt und verdeckt auf dem Tisch ausgelegt. Nun darf ein Kind nach dem anderen zwei Karten umdrehen. Es benennt, was es auf den Karten sieht. Wenn es zwei gleiche Karten umgedreht hat, darf es das Pärchen behalten und vor sich ablegen. Es darf dann noch einmal zwei Karten umdrehen. Wurde kein Pärchen gefunden, ist der nächste Spieler am Zug. Das Spiel ist beendet, wenn keine Karte mehr auf dem Tisch liegt.

Würfelspiel: Wer ist zuerst in der Neuzeit? (ab 4 Jahren)

Material:
Kopiervorlage Spielplan (s. S. 60), Vorlesetext für die Erzieherin, Spielfiguren, Würfel

Vorlesetext

Die Dinosaurier lebten in einer Zeit, die sich das Erdmittelalter nennt. Das Erdmittelalter ist eingeteilt in Trias, Jura und Kreide. Am Ende der Dinosaurier-Zeit, in der Kreidezeit, trieben die Teile der Erde auseinander, das Klima veränderte sich und es wurde wärmer. Deshalb gab es dann auch die ersten Blütenpflanzen. Diesen neuen Zeitabschnitt nennt man Erdneuzeit. Das ist die Zeit, in der wir heute leben.

In unserem Spiel wandern unsere Spielfiguren durch die einzelnen Zeitabschnitte.
Wer es als Erster schafft, in der Erdneuzeit anzukommen, hat gewonnen.
Wer auf ein Vulkanfeld kommt, der muss zwei Schritte zurückgehen.

Tipp:
Malen Sie den Hintergrund der einzelnen Zeitabschnitte farbig an, sodass die Kinder sie besser auseinanderhalten können und bald schon selbst wissen, in welchem Zeitabschnitt sie sich befinden.

BVK • Mareike Brombacher: Kita aktiv „Projektmappe Dinosaurier"

Kopiervorlage „Dino-Memo-Spiel“

Kopiervorlage „Wer ist zuerst in der Neuzeit?“

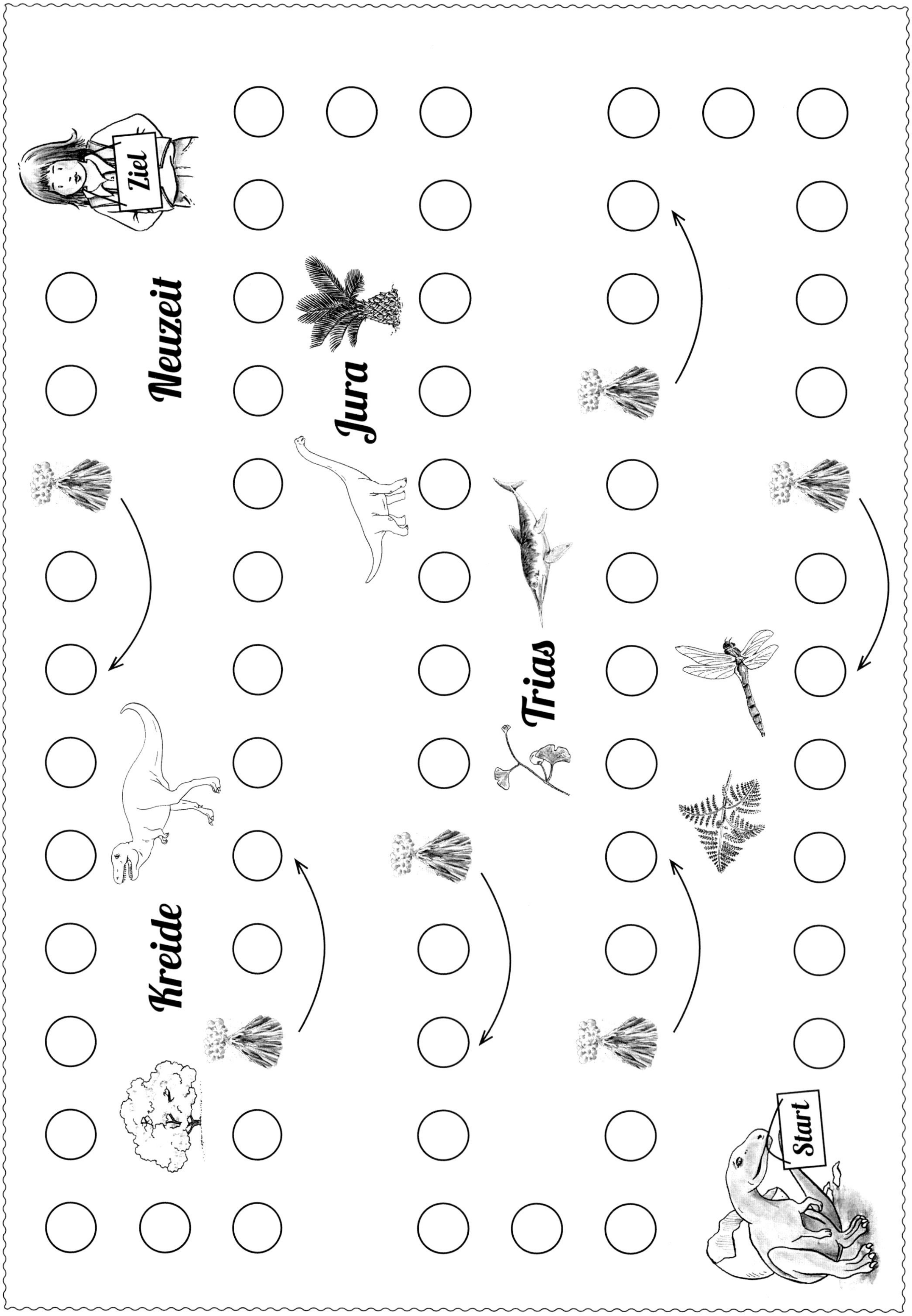

Ziel

Neuzeit

Jura

Trias

Kreide

Start

BVK • Mareike Brombacher: Kita aktiv „Projektmappe Dinosaurier“